● 国家自然科学基金重大研究计划集成项目"大数据驱动的政府社会治理数字化转型与示范研究"（项目编号：92146001）

● 浙江数字化发展与治理研究中心、浙江省数字化改革研究智库联盟 学术支持

数字化改革研究系列丛书

DIGITALLY EMPOWERED
RURAL GOVERNANCE

"DASHBOARD OF DIGITAL VILLAGE" IN DEQING

数字赋能乡村治理

德清"数字乡村一张图"

刘 渊 李 旋 董思怡◎著

ZHEJIANG UNIVERSITY PRESS
浙江大学出版社
·杭州·

图书在版编目（CIP）数据

数字赋能乡村治理：德清"数字乡村一张图" / 刘渊，李旋，董思怡著. —杭州：浙江大学出版社，2022.12（2024.7重印）
ISBN 978-7-308-23385-9

Ⅰ.①数… Ⅱ.①刘… ②李… ③董… Ⅲ.①数字技术－应用－农村－群众自治－研究－中国 Ⅳ.①D638-39

中国版本图书馆CIP数据核字（2022）第239368号

数字赋能乡村治理：德清"数字乡村一张图"

刘　渊　李　旋　董思怡　著

责任编辑	陈佩钰
责任校对	许艺涛
封面设计	雷建军
出版发行	浙江大学出版社
	（杭州天目山路148号　邮政编码：310007）
	（网址：http://www.zjupress.com）
排　　版	浙江大千时代文化传媒有限公司
印　　刷	广东虎彩云印刷有限公司绍兴分公司
开　　本	710mm×1000mm　1/16
印　　张	13
字　　数	160千
版 印 次	2022年12月第1版　2024年7月第3次印刷
书　　号	ISBN 978-7-308-23385-9
定　　价	79.00元

浙江大学出版社市场运营中心联系方式：（0571）88925591；http://zjdxcbs.tmall.com

丛书序

　　数字化改革是数字浙江建设的新阶段，是数字化转型的一次新跃迁，是浙江立足新发展阶段、贯彻新发展理念、构建新发展格局的重大战略举措。数字化改革本质在于改革，即以数字赋能为手段、以制度重塑为导向、以构建数字领导力为重点，树立数字思维、增强改革意识、运用系统方法，撬动各方面各领域的改革，探索建立新的体制机制，加快推进省域治理体系和治理能力现代化。

　　浙江历来是改革的先行地，一直以来不断通过改革破除经济社会的体制机制障碍、打破思想桎梏，激发经济社会发展的活力。进入新发展阶段，浙江聚焦国家所需、浙江所能、群众所盼、未来所向，按照"一年出成果、两年大变样、五年新飞跃"总体时间表，体系化、规范化推进数字化改革，以"三张清单"找准重大需求、谋划多跨场景、推进制度重塑，在现代化跑道上推动共同富裕示范区建设，逐渐形成与数字变革时代相适应的生产方式、生活方式、治理方式。在"两年大变样"即将完成之际，亟须社科界深入挖掘浙江数字化改革潜力、牵引全面深化改革取得开创性成效，总结数字化改革浙江经验、提炼数字化改革理论方法，寻找具有普遍性和规律性的内在动因机制。

按照构建智库大成集智工作机制的理念思路，浙江省社会科学界联合会指导并组建以浙江数字化发展与治理研究中心为牵头单位，杭州电子科技大学浙江省信息化发展研究院等 21 家单位共同参与的浙江省数字化改革研究智库联盟（以下简称"联盟"），全面开展数字化改革研究，为浙江省数字化改革提供理论支撑和智力支持。自 2021 年 8 月成立以来，联盟一方面不断壮大规模，全面构建高水平研究团队，积极为浙江省委、省政府乃至国家建言献策；另一方面深化资源共享，创新多元化合作研究机制，构建浙江数字化改革实践创新案例数据库平台，打造展示浙江数字化改革的"重要窗口"。联盟持续发布了《浙江省数字化改革实践创新报告（2021）》《数字化需求测评报告》等系列品牌成果，其理论成果《关于数字化改革理论内涵的解读》入选 2022 年浙江省数字化改革"最响话语"。

党的二十大报告指出，要"以中国式现代化全面推进中华民族伟大复兴"，"扎实推进共同富裕"。浙江省委第十五次党代会提出，"在高质量发展中奋力推进中国特色社会主义共同富裕先行和省域现代化先行"。数字化改革作为全面深化改革的总抓手，是实现现代化先行和共同富裕示范的"船"和"桥"，为扎实推进"两个先行"提供根本动力。站在新的历史起点，聚焦书写数字化改革浙江样本，高水平推进数字化改革，打造数字变革高地，浙江数字化发展与治理研究中心组织联盟成员单位，深入开展调查研究，剖析数字化改革实践案例，进行数字化改革理论创新，推动数字化改革探索和实践上升为理论成果，形成了数字化改革研究系列丛书。

该丛书凝炼数字化改革智慧、传播数字化改革经验、唱响数字化改革之声，旨在为经济社会高质量发展和治理体系、治理能力现代化提供智力支持。

作为智库联盟的大成集智产品，希望本丛书的出版能够起到抛砖引玉的作用，带动国内数字化改革、中国式现代化等领域研究的持续发展，也希望以此丛书为纽带，在无边界的研究群落中为更多的学者架起沟通、互动、争鸣、协同的桥梁。

郭华巍

浙江省社科联党组书记、副主席

2022 年 11 月于杭州

前　言

　　党的二十大报告对中国式现代化作出深刻系统的阐述，对全面推进乡村振兴作出科学规划和战略部署。乡村治理是国家治理的基石，是全面推进乡村振兴的重要保障。伴随着网络化、信息化和数字化在农业农村经济社会发展中的应用，数字赋能乡村治理为全面推进乡村振兴提供了新路径、新手段、新动能，为高质量推进乡村振兴赋予了无限生机和活力。从数字技术应用到数字乡村建设，其深远的历史意义已不仅仅是技术生产效率的提升，更是通过生产关系、生活方式、治理模式等一系列深刻变革所激发的新一轮乡村新发展。一场以数字化为形式，以技术进步为手段，以经济社会转型升级为目标的治理变革已经全面展开。数字乡村建设既是数字中国的重要内容，也是乡村振兴战略的关键方向，更是国家治理现代化战略落地基层的重要实践。

数字赋能乡村治理发展路径

　　习近平总书记强调："要用好现代信息技术，创新乡村治理方式，提高乡村善治水平。"[①]数字赋能乡村治理，实质上是利用数字化改革的力量，变革乡村经济、社会、生态治理的方法与体系，建立全新的乡村治理运行机制，解决乡村发展中的体制障碍、机制梗阻、政策创新问题，建设蕴含数字赋能、制度重塑、价值共创的未来乡村。"十四五"时期是数字乡村全面"布局"和重点"破局"的关键阶段，对乡村治理数字化提出了更高要求。全面总结前期实践经验，准确把握数字乡村建设核心要素，以乡村作为重点突破场景，不断推进全域数字化治理，既是县域数字化改革的重要内容，更是加快实现"农业高质高效、乡村宜居宜业、农民富裕富足"[②]目标，以及系统部署打造"重要窗口"，在高质量发展中奋力推进"两个先行"的关键举措。

数字赋能乡村治理是有效提升乡村治理效能、夯实乡村振兴基础的关键。乡村场景中的主体数字赋能是以数字技术为手段，疏通传统乡村治理场景下主体被阻塞的"通道"，充分发挥数字技术提高效能与效率的使能作用，让乡村民众、企业、乡贤、精英人才等人类主体从有限参与乡村治理过程变得"能"高效参与，让乡村资源、要素等物类主体从有限配置变得"能"高效配置，让乡村多元主体从有限交互变得"能"高效交互。数字赋能乡村治理就是要在更广范围、更多领域加速从定性走向定量，从经验走向科学，从局部走向整体，实现乡村治理从低效到高效，从被动到主动，从主体数字赋能到社会数字赋能的深刻转变。具体体现为三个方面：其一，通过汇

---

① 习近平.坚持把解决好"三农"问题作为全党工作重中之重 举全党全社会之力推动乡村振兴 [EB/OL]. 求是，(2022-03-31) [2022-10-26]. http://www.qstheory.cn/dukan/qs/2022-03/31/c_1128515304. htm.

② 同上.

聚乡村各类分散、闲置的资源要素，搭建可以统一规划与利用的共享资源池，形成规模效应；其二，充分促进乡村主体之间的相互联结，构建更具弹性与灵活性的乡村治理协同网络，形成整合效应；其三，发挥数字平台价值，对乡村治理数字化平台进行动态解耦，让乡村任何微观场景中的信息都可以通过平台逐层传递、叠加与沉淀，形成涌现效应。

德清"数字乡村一张图"建设内涵

在加快推进乡村治理数字化建设实践中，浙江德清已走在了全国前列。早在 2019 年，德清县委、县政府就高度重视乡村治理数字化建设。为实现县域乡村治理数字化平台全覆盖，推动县域农村生产、生态、生活全面转型，德清统筹运用数字化技术、数字化思维、数字化认知，围绕农村全域和农业全产业链，探索出了一条以基层数字化改革撬动乡村振兴发展的新路子。2019 年 10 月，时任浙江省省长袁家军在调研德清五四村数字乡村建设时充分肯定了这一做法，并为其取名为乡村治理数字化平台，认为这是闯出了"数字乡村一张图"的发展新路。2020 年 10 月，德清入选首批"国家数字乡村试点县"。2022 年 5 月，北京大学新农村发展研究院发布《县域数字乡村指数报告》，在数字乡村百强县榜单中，德清以 122.1 分的县域数字乡村指数，位列全国第一。2022 年 7 月，全国数字乡村建设现场推进会在德清召开，推广德清经验。2022 年 10 月，德清成功入围国家乡村振兴示范县创建名单。

"数字乡村一张图"不仅是一张乡村实景地理图，还是实现全景感知与动态管理的治理图，更是推动未来乡村建设和创建全域数字治理的新蓝图。其以数据要素为驱动，催生乡村发展新动能；以数字应用为载体，架构乡村发展新空间；以数字治理为模式，共创乡村发展新价值。通过构建"数字乡村一张图",即乡村治理数字化平台,乡村规划、乡村经营、乡村环境、乡村服务等内容以可视化的形式,一一呈现在人们的眼前。德清"数字乡村一张图"着力于党建引领、需求驱动、科技赋能、产业培育、共治共富五个方面,充分发挥县委、县政府的引领作用,以现实需求为驱动,以乡村为服务主体,统筹生产、生态、生活三大空间布局,促进"三生融合"发展,运用数字技术进行科技赋能,引导和服务"千人千面"的用户需求场景,推进乡村治理数字化应用,构建现代乡村治理体系,擘画体现社会价值、生态价值、文化价值的未来乡村发展新愿景,促进全体人民共同富裕。

数字赋能乡村治理场景应用成效

"数字乡村一张图"作为改革成果转化为治理效能的重要载体,是浙江数字化改革"1612"总体架构一体贯通的基层智治系统建设实践,对推动"县乡一体、条抓快统"改革迭代升级,促进乡村治理理念、思路、方法、手段的系统性重塑,实现乡村治理体系和治理能力现代化具有重要的实践价值。"数字乡村一张图"以发现问题智能化、处理过程自动化、事件管理流程化为核心,面向政府部门、乡村基层组织、市场主体和村民个体等服务对象,实现数据整合汇集、辅助决策制定的重要功能,使用者可通过平台的可视化界面,对各乡镇和村庄各领域运行现状的关键数据进行动态感知与科学决策,发挥数字赋能乡村治理的成效。通过把数字技术创新"最大变量"作为促进乡村治理现代化的"最大增量",持续丰富乡村管理、社会治理、人民生活等环节的智慧应用场景,逐步构建起系统化、数字化、精细化的乡村治理工作格局,探索了数字赋能产业振兴、美丽生态与美好生活的乡村治理数字化发展之路。

第一，盘活数据要素，催生内生动能，加快农业产业升级，实现数字赋能乡村产业振兴。数据要素作为数字经济深化发展的核心引擎，贯穿于数字经济发展的全部流程，有效突破了土地、资本等传统生产要素有限供给对经济增长的制约。加强数据要素与其他生产要素的组合迭代、交叉融合，推动生产要素多领域、多维度、系统性、革命性突破，能够有效引领经济社会从生产要素到生产力，再到生产关系的全面系统变革。"数字乡村一张图"是基于GIS（地理信息系统）、物联网、大数据、云计算、人工智能、区块链等新一代数字技术，引入数字孪生思想，打造多场景、多业务、动态交互的数字乡村全景图。德清立足本地优势资源，加速数字赋能乡村产业发展，优化产业布局，持续释放数字生产力，在宅基地改革、数字渔业、数字农业工厂、民宿经济、安心畅游等多个应用场景中进行了有效实践。

第二，构建数字空间，形成数字孪生，变革农村空间治理，实现数字赋能乡村美丽生态。数字空间已经成为物理空间与社会空间的连接载体，其本身已经成为社会活动和经济活动的重要组成。数字孪生作为浙江数字化改革"1612"工作体系中一体化智能化公共数据平台的重点探索领域，是推动物理空间、社会空间与数字空间虚实交融，实现资源优化配置的一种全新数字化治理方式。"数字乡村一张图"总揽乡村治理全局，全面融入了乡村生产、生态与生活，呈现出共生交互的数字业态，构建了乡村数字空间，形成乡村治理协同网络。通过积极探索利用数字孪生的思想与技术工具，德清在垃圾分类、渣土管理、治淤治污、公众护水、遥感监测等多个应用场景中展开了积极探索，有效实现了数字赋能乡村美丽生态的治理目标。

第三，释放数字红利，提升农民数字素养，提高数字能力，实现数字赋能乡村美好生活。数字赋能乡村美好生活需要充分发挥数字技术的普惠效应。然而，数字时代的不均衡不充分问题在乡村表现得较为明显，一些弱势群体和老年人难以享受智能化服务带来的便利。这就需要提升其数字素养，提高数字能力，以适应数字化变革的乡村公共服务供给，从中体会到获得感、幸福感与安全感。德清在推进"数字乡村一张图"落地实施的过程中，通过智慧养老、平安乡村、浙里智惠、数字生活智能服务站、清松办、基层治理、疫情防控等多个场景的应用，有效解决了乡村居民在医疗服务、政务服务、生活服务等方面的问题，进行了较好的实践探索。

乡村治理数字化建设经验

"数字乡村一张图"不仅仅是在乡村生产、生态、生活场景中的数字化技术集成应用，更是从技术理性到制度理性的跨越，最后实现价值理性的数字化思维与认知。智治是数字技术进步引发政府治理方式转变的产物。从技术理性的角度看，数字技术有效化解和消除了乡村经济、生态、社会发展过程中涌现的诸多难题，充分彰显了技术作为强大工具力量所带来的巨大能量场。制度理性是一种集体理性，它是指有利于实现社会利益的一种制度选择，即人类社会能够在多大程度上以何种方式通过集体努力来选择一个符合社会利益的良好制度。在乡村治理场景中，德治、法治、自治是实现制度理性的重要组成部分。制度建立和技术进步在长期中是互动的，呈螺旋式演进规律，是乡村经济、生态、社会发展不可或缺的两个重要动因。通过制度自身的变革来促进技术在乡村治理场景中的创新实践，促进技术与制度在不断互动的良性循环中实现价值理性。德清以"数字乡村一张图"践行基层数字化改革，不断完善以智治为支撑，德治、法治、自治相融合的"四治融合"治理模式，探索构建党建统领"四治融合"的现代农业农村治理体系。

本书从"数字乡村一张图"的德清实践中提炼数字赋能乡村治理的路径与模式，总结了涵盖"技术层—制度层—价值层"的乡村治理数字化建设经验。在技术层，基于乡村治理数字化平台，构建乡村数字空间，形成乡村治理协同网络，以数字空间重塑与变革乡村物理空间和社会空间，充分发挥数字技术的赋能价值，让乡村充分享受"数字红利"；在制度层，基于构架的乡村数字空间，政府充分调动市场、企业、村民、网格员等多元主体的参与积极性，主体之间进行有机组合，构建以政府主导、多元共生的协同共治格局；在价值层，基于多元主体协同共治，聚焦"三生"，服务"三农"，提升"三感"，奋力推进乡村振兴，实现全体人民共同富裕。

本书的出版凝聚着大量相关人员共同努力的心血。在研究过程中，得到了德清县委、县政府的大力支持，为课题组全面、及时、深入研究"数字乡村一张图"建设提供了根本保障。本书是国家自然科学基金重大研究计划集成项目（编号：92146001）"大数据驱动的政府社会治理数字化转型与示范研究"的成果，感谢国家自然科学基金委员会的支持，感谢专家们的认可。

本书在撰写过程中得到了各位同仁的大力支持与帮助。第一，感谢德清县委、县政府相关单位的帮助与支持，其提供了大量数字化项目实施资料与文档。特别感谢德清县委组织部高芸、县委政策研究室黄宇和茅列前、县大数据发展管理局应聿央和朱芸，以及县委网信办、县农业农村局等单位的诸多同志，他们为本书的撰写提供了宝贵建议。第二，特别感谢许小东教授、朱李鸣研究员、王小毅教授、卫军教授和杨洋博士的帮助，他们在本书撰写过程中做了细致而富有建设性的工作；感谢研究中心郭莹、陈川、王红岩、祝哲淇，以及博士生郑雨竹、曦曙、朱子祺、张佳玲和本科生蒋沛文、林奋进、唐卿蝉、吴鸿毅，他们在调研和整理相关资料的过程中，做了大量协助工作；第三，感谢所有被引用文献、资料与文档的作者，接受访谈的政府、企业有关工作人员，以及所有在本书撰写过程中给予帮助和支持的友人；第四，感谢浙江大学出版社的工作人员，特别是陈佩钰老师为本书的编审所做的大量细致工作；第五，感谢"数字乡村一张图"落地实施过程中相关的所有同仁，以及所有关心本书的各界人士，他们的帮助和关心是确保本书顺利完成的前提。

本书就要在一片感谢声中付梓了，尽管著者已经做了很大努力，但书中还难免存在不尽完善之处；同时，在引用国内外研究成果基础上的深层探讨，也可能存在一些疏漏。对此，恳请广大读者和专家批评指正。

刘　渊

2022 年秋于启真湖畔

目　录

第1章

乡村治理数字化发展背景

第一节　数字赋能乡村治理的国家战略

　　数字乡村是网络化、信息化和数字化在农业农村经济社会发展中的应用，既是数字中国的重要内容，也是乡村振兴战略的关键方向，更是国家治理现代化战略落地基层的重要实践。国家治理的基石是基层，数字乡村建设要抓住乡村治理这一"牛鼻子"，着力数字赋能乡村治理，实施数字乡村战略，提升乡村治理体系和治理能力现代化水平，牢筑数字中国根基。数字赋能乡村治理的国家战略如图1-1所示。

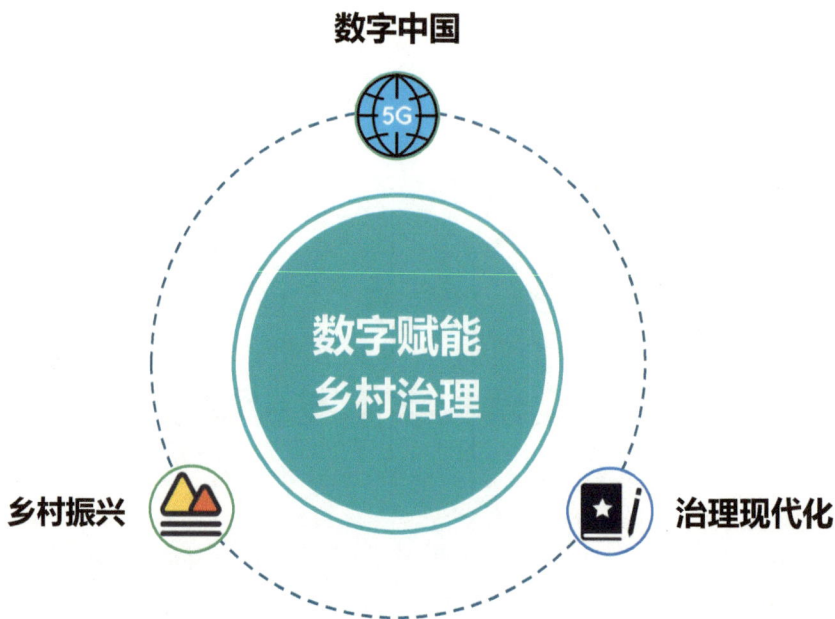

图1-1　数字赋能乡村治理的国家战略

一、数字中国

2015 年 12 月 16 日，习近平总书记在第二届世界互联网大会开幕式上首次提出要"推进'数字中国'建设"[①]，开启了数字中国建设新征程。2017 年 12 月 8 日，习近平在主持中共中央政治局第二次集体学习时强调："推动实施国家大数据战略，加快完善数字基础设施，推进数据资源整合和开放共享，保障数据安全，加快建设数字中国，更好服务我国经济社会

---

① 习近平 . 在第二届世界互联网大会开幕式上的讲话 [EB/OL]. 人民日报 , (2015-12-17) [2022-10-26]. http://jhsjk.people.cn/article/27938930.

发展和人民生活改善。"①2018 年 3 月 5 日，"数字中国"首次被写入《政府工作报告》中，指出"让群众和企业切实受益，为数字中国、网络强国建设加油助力"②。2020 年 10 月 29 日，党的十九届五中全会提出，我国已转向高质量发展阶段，"十四五"时期经济社会发展要以推动高质量发展为主题，要"坚定不移建设数字中国"，"加快数字化发展"。③着眼于数字中国的全面布局，需要全面深化数字化改革来进一步培育新动能，用新动能推动新发展。在"百年未有之大变局"与"双循环"的新发展格局下，加快数字化发展，是推动中国经济高质量发展，更是推动全面建设社会主义现代化国家的重大战略。

　　建设网络强国、数字中国，是推动经济社会发展、促进国家治理体系和治理能力现代化的必然要求，也是满足人民日益增长的美好生活需要的客观条件。习近平总书记在给首届数字中国建设峰会的贺信中明确指出了数字中国建设的内涵："加快数字中国建设，就是要适应我国发展新的历史方位，全面贯彻新发展理念，以信息化培育新动能，用新动能推动新发展，以新发展创造新辉煌。"④

---

① 实施国家大数据战略加快建设数字中国 [EB/OL]. 新华社, (2017-12-09) [2022-10-26]. http://jhsjk.people.cn/article/29696290.

② 李克强. 政府工作报告 [EB/OL]. 新华社, (2018-03-05) [2022-10-26]. http://www.gov.cn/premier/2018-03/22/content_5276608.htm.

③ 中国共产党第十九届中央委员会第五次全体会议公报 [EB/OL]. 新华社, (2020-10-29) [2022-10-26]. http://www.gov.cn/xinwen/2020-10/29/content_5555877.htm.

④ 习近平. 以信息化培育新动能 用新动能推动新发展 以新发展创造新辉煌 [EB/OL]. 人民日报, (2018-04-23) [2022-10-26]. http://jhsjk.people.cn/article/29942244.

二、乡村振兴

习近平总书记强调："民族要复兴，乡村必振兴。"[①] 全面建设社会主义现代化国家，实现中华民族伟大复兴，最艰巨、最繁重的任务依然在农村，最广泛、最深厚的基础依然在农村。从世界百年未有之大变局看，稳住农业基本盘、守好"三农"基础是应变局、开新局的"压舱石"。当前使命是全面推进乡村振兴，这是"三农"工作重心的历史性转移。

2018 年 1 月 2 日，中共中央、国务院发布《中共中央、国务院关于实施乡村振兴战略的意见》[②]（以下简称《意见》）。《意见》是改革开放以来第 20 个、21 世纪以来第 15 个指导"三农"工作的中央一号文件，对实施乡村振兴战略进行了全面部署。实施乡村振兴战略，是党的十九大作出的重大决策部署，是决胜全面建设社会主义现代化国家的重大历史任务，是新时代"三农"工作的总抓手。同年 9 月，中共中央、国务院印发《乡村振兴战略规划（2018—2022 年）》[③]（以下简称《规划》），按照产业兴旺、生态宜居、乡风文明、治理有效、生活富裕的总要求，对实施乡村振兴战略作出阶段性谋划。

2019 年 5 月，中共中央办公厅、国务院办公厅印发了《数字乡村发展战略纲要》[④]，指出："数字乡村是伴随网络化、信息化和数字化在农业农

---

① 坚持把解决好"三农"问题作为全党工作重中之重 促进农业高质高效乡村宜居宜业农民富裕富足 [EB/OL]. 人民日报，(2020-12-30) [2022-10-26]. http://jhsjk.people.cn/article/31983379.

② 中共中央，国务院. 关于实施乡村振兴战略的意见 [EB/OL]. 新华社，(2018-01-02) [2022-10-26]. http://www.gov.cn/gongbao/content/2018/content_5266232.htm.

③ 中共中央，国务院. 乡村振兴战略规划（2018－2022 年）[EB/OL]. 新华社，(2018-09-26) [2022-10-26]. http://www.gov.cn/xinwen/2018-09/26/content_5325534.htm.

④ 中共中央，国务院. 数字乡村发展战略纲要 [EB/OL]. 新华社，(2019-05-16) [2022-10-26]. http://www.gov.cn/zhengce/2019-05/16/content_5392269.htm.

村经济社会发展中的应用，以及农民现代信息技能的提高而内生的农业农村现代化发展和转型进程，既是乡村振兴的战略方向，也是建设数字中国的重要内容。"同时，也提出了明确的数字乡村建设的战略目标。到 2020 年、2025 年、2035 年，数字乡村建设分别取得初步进展、重要进展与长足进展；到 21 世纪中叶，全面建成数字乡村，助力乡村全面振兴，全面实现农业强、农村美、农民富。同年 12 月，农业农村部和中央网络安全和信息化委员会办公室联合印发《数字农业农村发展规划（2019—2025 年）》①，明确提出到 2025 年，数字农业农村建设取得重要进展，有力支撑数字乡村战略实施。2020 年 5 月，中央网信办、农业农村部、国家发展改革委、工业和信息化部联合发布《关于印发〈2020 年数字乡村发展工作要点〉的通知》②，指出"加快构建以知识更新、技术创新、数据驱动为一体的乡村经济发展政策体系，加快以信息化推进农业农村现代化，优化提升'三农'信息化服务水平，不断激发乡村发展内生动力和巨大潜力，持续提升农民群众获得感、幸福感、安全感"。同年 7 月，中央网信办、农业农村部、国家发展改革委、工业和信息化部、科技部、市场监管总局、国务院扶贫办印发《关于开展国家数字乡村试点工作的通知》③（以下简称《通知》），部署开展

① 农业农村部，中央网络安全和信息化委员会办公室.数字农业农村发展规划（2019—2025 年）[EB/OL].农业农村部，(2019-12-25) [2022-10-26]. http://www.moa.gov.cn/nybgb/2020/202002/202004/t20200414_6341532.htm.

② 中央网信办，农业农村部、国家发展改革委、工业和信息化部.2020 年数字乡村发展工作要点 [EB/OL].中国网信网，(2020-05-09) [2022-10-26]. http://www.cac.gov.cn/2020-05/08/c_1590485983517518.htm.

③ 中央网信办，农业农村部，国家发展改革委，等.关于开展国家数字乡村试点工作的通知 [EB/OL].中国网信网，(2020-07-18) [2022-10-26]. http://www.cac.gov.cn/2020-07/17/c_1596539938841028.htm.

国家数字乡村试点工作。《通知》指出："开展数字乡村试点是深入实施乡村振兴战略的具体行动，是推动农业农村现代化的有力抓手，也是释放数字红利催生乡村发展内生动力的重要举措。要按照实施乡村振兴战略的总体部署，以解放和发展数字化生产力、激发乡村振兴内生动力为主攻方向，以弥合城乡数字鸿沟、促进农业农村经济社会数字化转型为重点，积极探索数字乡村发展新模式，加快推进农业农村现代化建设，促进农业全面升级、农村全面进步、农民全面发展。"

当前，全球新冠肺炎疫情仍在蔓延，世界经济复苏脆弱，气候变化挑战突出，我国经济社会发展各项任务极为繁重艰巨。党中央认为，从容应对百年变局和世纪疫情，推动经济社会平稳健康发展，必须着眼国家重大战略需要，稳住农业基本盘、守好"三农"基础，全面推进乡村振兴，确保农业稳产增产、农民稳步增收、农村稳定安宁。

2022年是《规划》实施收官之年。中共中央、国务院发布《关于做好2022年全面推进乡村振兴重点工作的意见》^①，明确提出："做好2022年'三农'工作，要以习近平新时代中国特色社会主义思想为指导，全面贯彻党的十九大和十九届历次全会精神，深入贯彻中央经济工作会议精神，坚持稳中求进工作总基调，立足新发展阶段、贯彻新发展理念、构建新发展格局、推动高质量发展，促进共同富裕，坚持和加强党对'三农'工作的全面领导，牢牢守住保障国家粮食安全和不发生规模性返贫两条底线，突出年度性任务、针对性举措、实效性导向，充分发挥农村基层党组织领导作用，扎实有序做好乡村发展、乡村建设、乡村治理重点工作，推动乡村振兴取得新

---

① 中共中央，国务院. 关于做好 2022 年全面推进乡村振兴重点工作的意见 [EB/OL]. 新华社，(2022-02-22) [2022-10-26]. http://www.gov.cn/xinwen/2022/02/22/content_5675035.htm.

进展、农业农村现代化迈出新步伐。"

2022 年 1 月，中央网信办、农业农村部、国家发展改革委、工业和信息化部、科技部、住房和城乡建设部、商务部、市场监管总局、广电总局、国家乡村振兴局印发了《数字乡村发展行动计划（2022—2025 年）》①。根据行动计划，"到 2023 年，数字乡村发展取得阶段性进展。网络帮扶成效得到进一步巩固提升，农村互联网普及率和网络质量明显提高，农业生产信息化水平稳步提升。……到 2025 年，数字乡村发展取得重要进展。乡村 4G 深化普及、5G 创新应用，农业生产经营数字化转型明显加快，智慧农业建设取得初步成效，培育形成一批叫得响、质量优、特色显的农村电商产品品牌，乡村网络文化繁荣发展，乡村数字化治理体系日趋完善"。2022 年 10 月，习近平总书记在党的二十大报告中强调"全面推进乡村振兴"②，再次凸显了乡村振兴战略的重要地位。

三、治理现代化

2013 年 11 月，中共十八届三中全会审议通过的《中共中央关于全面深化改革若干重大问题的决定》提出："全面深化改革的总目标是完善和发展中国特色社会主义制度，推进国家治理体系和治理能力现代化。"③

① 中央网信办，农业农村部，国家发展改革委，等 . 数字乡村发展行动计划（2022–2025 年）[EB/OL]. 中国网信网，(2022–01–26) [2022–10–26]. http://www.cac.gov.cn/2022–01/25/c_1644713315749608.htm.

② 习近平 . 高举中国特色社会主义伟大旗帜 为全面建设社会主义现代化国家而团结奋斗——在中国共产党第二十次全国代表大会上的报告 [EB/OL]. 新华社，(2022–10–25) [2022–10–26]. http://www.gov.cn/ xinwen/2022–10/25/content_5721685.htm.

③ 中国共产党第十八届中央委员会第三次全体会议 . 中共中央关于全面深化改革若干重大问题的决定 [EB/OL]. 新华社，(2013–11–15) [2022–10–26]. http://www.gov.cn/jrzg/2013–11/15/content_2528179.htm.

2019年11月，中国共产党第十九届中央委员会第四次全体会议通过《中共中央关于坚持和完善中国特色社会主义制度 推进国家治理体系和治理能力现代化若干重大问题的决定》，提出："坚持和完善中国特色社会主义制度，推进国家治理体系和治理能力现代化的总体目标是，到我们党成立一百年时，在各方面制度更加成熟更加定型上取得明显成效；到二〇三五年，各方面制度更加完善，基本实现国家治理体系和治理能力现代化；到新中国成立一百年时，全面实现国家治理体系和治理能力现代化，使中国特色社会主义制度更加巩固、优越性充分展现。"①

2022年4月，习近平总书记在主持中央全面深化改革委员会第二十五次会议时强调："要全面贯彻网络强国战略，把数字技术广泛应用于政府管理服务，推动政府数字化、智能化运行，为推进国家治理体系和治理能力现代化提供有力支撑。"②

国家治理体系是规范社会权力运行和维护公共秩序的一系列制度和程序，是党领导人民管理国家的制度体系，包括经济、政治、文化、社会、生态文明和党的建设等各领域的体制、机制和法律法规安排，是一整套紧密相连、相互协调的国家制度。国家治理能力是运用国家制度管理社会各方面事务的能力，包括改革发展稳定、内政外交国防、治党治国治军等各个方面的能力。国家治理体系和治理能力是一个有机整体。推进国家治理体系的现代化与增强国家的治理能力，是同一政治过程中相辅相成的两个

① 中共中央关于坚持和完善中国特色社会主义制度 推进国家治理体系和治理能力现代化若干重大问题的决定 [EB/OL]. 新华社, (2019-11-05) [2022-10-26]. http://www.gov.cn/zhengce/2019-11/05/content_ 5449023.htm?ivk_sa=1024320u.

② 习近平主持召开中央全面深化改革委员会第二十五次会议强调 加强数字政府建设 推进省以下财政体制改革 [EB/OL]. 新华网, (2022-04-19) [2022-10-26]. http://jhsjk.people.cn/article/32403184.

方面。

　　所谓国家治理体系和治理能力的现代化，就是使国家治理体系制度化、科学化、规范化、程序化，使国家治理者善于运用法治思维和法律制度治理国家，从而把中国特色社会主义各方面的制度优势转化为治理国家的效能。推进国家治理体系和治理能力现代化是全面建设社会主义现代化国家的客观要求，也是高质量发展和高品质生活的重要保障，在我国社会主义现代化全局中具有重要地位，为全面建成富强民主文明和谐美丽的社会主义现代化强国提供强有力的制度保障和治理效能。

第二节　国外数字乡村建设现状

　　从世界各国数字乡村建设历程来看，各国政府均采取了有力的政策措施，形成了既有共性又各具特色的乡村发展模式。以韩国、印度、日本为代表的亚洲国家，具有与中国相近的农业农村资源以及发展模式，它们在乡村数字化方面的探索对我国乡村数字化发展具有一定的借鉴价值；而以美国、英国为代表的欧美发达国家在数字乡村建设方面起步较早，形成了较为成熟的乡村数字化模式。[①]通过对这些国家数字乡村建设现状的分析，综述国外数字乡村建设的理念、思路和政策，可为推进我国数字乡村建设，推动乡村振兴提供参考借鉴。

---

① 王洁琼，李瑾，冯献 . 国外乡村治理数字化战略、实践及启示 [J]. 图书馆，2021(11): 50-57.

一、亚洲国家

（一）韩国

韩国是一个新兴工业化强国，农业资源禀赋稀缺。针对农业人口减少、农村人口老龄化、农村中青壮年人口流失等问题，韩国借助互联网加速信息传播和技术扩散的技术优势，实现农技推广和农民培训的在线化。由韩国农村振兴厅建立的"国家—省—农场（农户）"三级架构的农场管理远程咨询系统、农场咨询系统和涉农技术中心网站等，已成为农民获取信息服务的重要载体。此外，韩国还注重为地方特色产品提供电子商务服务，以农林水产信息中心为主体，建立多个农业电子商务交易平台，有效拓宽特色优质农产品的流通渠道。

韩国的乡村信息化建设最早源于1970年开展的"新村运动"。该运动以"勤勉、自助、协同"为核心，通过完善农业农村基础设施建设，优化教育、医疗、精神文明环境，推动农村工业产业发展等方式全面改善农业农村的生产生活条件，提升乡村治理水平。1993—2001年，韩国逐步推动乡村信息化、数字化建设，出台了一系列发展战略，如信息产业育成计划（1993）、农渔业振兴计划（1994）、促进信息化基本计划（1995）、"信息化村"计划（2001）等，加快了农村的数字化基础设施建设，有效提高了村民的数字素养。2009年9月，韩国发布《IT韩国未来战略》，用于投资发展电子信息核心战略产业，以实现信息产业与其他产业的融合，为韩国经济发展提供新的动力。2019年，韩国提出了数据与人工智能经济激活计划，为数字乡村建设提供了良好的政策环境，推动其由乡村信息化基础设施建设向发展数字化服务、实现数字化治理的方向转变。韩国乡村数字化发展进程如图1-2所示。

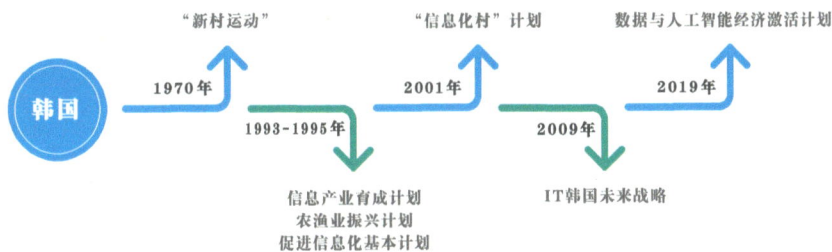

图1-2 韩国乡村数字化发展进程

（二）印度

虽然近年来印度经济高速增长，城市化进程不断加速，但目前印度农村人口比重仍然占全国总人口的 70% 以上，城乡在生产、生活等诸多方面差距较大。为提升农村居民生活水平，优化农村居民生产环境，印度依托其高速发展的数字化产业，不断推进乡村的数字化建设。目前，印度已在信息技术、信息资源、数字化建设等方面出台了一系列法规，对数字乡村建设起到积极作用。印度乡村数字化发展进程如图 1-3 所示。

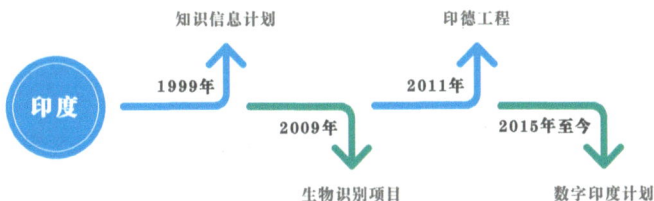

图1-3 印度乡村数字化发展进程

印度数字乡村建设非常重视农民的实际需求，并将其作为乡村数字建设项目的依据。1999 年推行知识信息计划，旨在面向广大农村地区开展数字化设备与软件的示范应用与推广，帮助农民享受真正意义上的数字化服务。基于一系列政策与行动，印度农民的数字素养大大提升，农村数字化建设的可持续性有所提高。2009 年开展了生物识别项目，通过建立居民生物识别数据库为乡村治理提供基础数据。通过分析乡村居民各项信息数据，能够有效评估乡村居民的具体需求，实施具有针对性的政策措施，保证社会救济发放给真正有需要的人，使偏远地区村民们能够享有更多的政府服务。2011 年开展的印德工程聚焦农村地区的移动远程医疗服务，使农村居民能够利用手机随时随地看病治病，使得农村地区（特别是偏远地区）的医疗服务更加方便和及时。2015 年，印度政府正式开展数字印度计划，将 1050 个试点村庄的乡村公共服务中心改造成移动互联网接入中心，通过布设免费 Wi-Fi 为村民提供网络接入，提高农村居民的生活数字化程度。

（三）日本

日本土地稀少，自然灾害频发，乡村地区各种资源相对匮乏。为了更加高效地应用有限资源，日本政府大力支持数字化农业基础设施建设、农业数字化科技的研发与推广、农协的建立与运作以及农业数字化发展项目等，以数字技术作为乡村数字化发展的支撑，为国家数字乡村建设推出了一系列目标明确、规划详尽的发展战略，制定了明确的数字化增长目标，完善相关规章制度，保障农村数字化设施和工程建设有序开展。

21 世纪初，日本农林水产省制定了"21 世纪农林水产领域信息化战略"，提出要大力建设农村信息通信基础设施，缩小农村与大城市在社会信息化方面的差距；随后，日本政府又先后发布"e-Japan"（2001）、"u-Japan"（2006）和"i-Japan"（2015）等国家层面的信息化战略，利用 ICT（Information and Communications Technology，信息与通信技术）解决乡村地区网络通信、农产品销售、医疗教育、政府服务等领域的问题；2016

年至今，日本政府实施"社会 5.0"计划，旨在通过大数据、物联网、人工智能等新兴技术推动数字化、智能化社会转型。日本乡村数字化发展进程如图 1-4 所示。

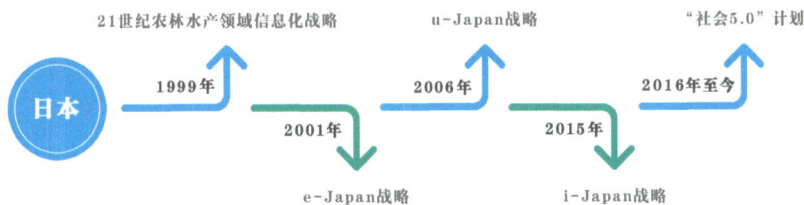

图1-4　日本乡村数字化发展进程

日本的农业数字化是日本政府基于国情与现实状况作出的安排，先从经济较为发达的地区开始建设数字化农业，再逐步到欠发达区域推广农业数字化，通过形式多样的推广方式宣传数字化农业的相关技术，使各地农民均能积极响应农业数字化的号召。为进一步落实乡村数字化建设，日本自上而下建立了完善的农业农村信息服务体系。该体系能够及时、准确和全面地发布农产品信息，以及无偿向农民提供各种技术信息；同时，该体系将农户购买计算机纳入补助金范围，让农民通过网络享受到技术服务，提高农村计算机的普及与应用，提升数字化产品的推广和应用力度，加快农业生产与农村生活的数字化进程。

二、欧美国家

（一）美国

美国是世界上最大的农产品生产国和粮食出口国。20 世纪 20 年代，美国经历了为期十年的农业大萧条时期。此后，美国逐渐成为农业强国。这既得益于其广袤的乡村自然空间，也与其全面支持乡村地区发展的政策体系密切相关，更离不开其农业农村的数字化建设。

美国农业数字化和乡村治理数字化可以追溯到 1993 年提出的美国乡村发展战略计划。该计划授权农村发展贷款，用于农村在各方面执行的项目。2002 年，美国政府提出了农业安全与农村投资法案，旨在提高对农村地区的支持力度。从 2009 年提出开放政府战略和 2012 年提出数字政府战略以来，美国政府出台联邦层面的数字政府建设总体战略来统筹政府数字化转型，乡村治理的数字化转型也受到了这些政策的大力推动。

除数字乡村建设中的基础型项目建设外，美国各州、学区和学校通过有计划地开展数字化学习，提升农民的职业素养和技能，不断加强青少年数字化教育，为农业现代化提供不竭动力。美国于 2015 年颁布第 5 个"美国教育技术规划"，培养学生成为负责任的数字公民。2017 年，美国发布农村地区教育信息化发展的实施策略，旨在通过信息技术与教育的无缝对接，促进乡村地区教育的信息化、数字化发展，有效解决农村的教育问题，提高乡村人才质量，提升乡村教育水平，缩小城乡教育鸿沟。2018 年，美国政府出台了《2018 农业进步法案》，旨在提高农村的宽带水平，更好地促进农业进步、农民增收。美国乡村数字化发展进程如图 1-5 所示。

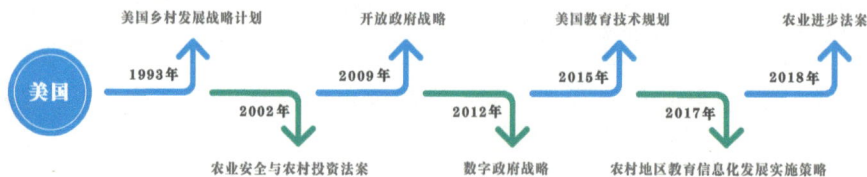

	美国乡村发展战略计划	开放政府战略	美国教育技术规划	农业进步法案
美国	1993年	2009年	2015年	2018年
	2002年	2012年	2017年	
	农业安全与农村投资法案	数字政府战略	农村地区教育信息化发展实施策略	

图1-5　美国乡村数字化发展进程

（二）英国

英国从 20 世纪 60 年代开始出现"逆城市化"现象，近年来该现象愈发加重。为此，英国政府十分重视乡村建设与治理。英国政府早在 21 世纪初就提出了乡村未来计划，该计划旨在保护乡村的自然环境，提高乡村公共服务水准，推动乡村经济活动多样化。2004 年，英国农村战略开始实施，其目标是打造环境优良、安全宜居，具有可持续发展活力的乡村社区。英国政府始终十分重视通过数字乡村的建设进行乡村治理。针对英国乡村企业规模小，乡村中小企业服务推广薄弱，且分布不集中，与中心城市距离较远等问题，英国政府通过欧盟乡村发展 7 年规划（2007）、政府数字化战略（2012）、英国农业技术战略（2013）等一系列战略规划，保护乡村环境，强化为乡村企业提供各类公共性支持服务，包括增建就业服务设施、乡村就业信息网站以及乡村超高速宽带业务，以及提升乡村农业基础设施建设水平等。

　　2017 年，英国政府开始实施政府转型战略与数字化战略，这些战略为英国乡村数字化提供了较好政策基础。2019 年，英国教育部宣布向大多数乡村推出农村千兆位全光纤宽带连接计划，计划两年内斥资 2 亿英镑建立以小学为中心连接乡村地区的中心网络模型，以解决乡村教育相对落后的问题。同年，英国颁布《英国政府五年规划》，指出在未来五年内优化、普及移动健康和远程医疗资源。英国乡村数字化发展进程如图 1-6 所示。

英国	乡村未来计划		欧盟乡村发展7年规划		政府转型战略 英国数字化战略	
	2000年		2007年		2017年	
		2004年		2012-2013年		2019年
		英国乡村战略		政府数字化战略 英国农业技术战略		农村千兆位全光纤宽带连接计划 英国政府五年规划

图1-6　英国乡村数字化发展进程

纵观国内外的数字乡村建设战略与措施，各国立足自身国情，形成具有共性与特色的乡村数字化发展模式，具体可以从顶层设计、底座建设、制度保障等方面进行总结。在顶层设计上，要充分发挥政府的主导作用。在数字乡村建设过程，政府需要对数字化发展进程进行合理计划与干预，保证数字乡村建设工作的有序进行。在底座建设上，要不断强化数字基础设施建设。各个国家的乡村情况与基础设施水平均有所不同，需要根据自身情况进行合理布局，并积极选择与高新技术企业等市场化主体开展专业化合作，不断提升乡村数字基础设施的服务能力。在制度保障上，要建立健全相关保障体系。各国政府在推进数字乡村建设过程中，均出台了相关的法律法规与制度对战略的执行进行保障，通过相关规章制度的完善，有效保障农村数字化设施和工程建设有序开展。

第2章

数字赋能乡村治理发展路径

第一节 数字赋能乡村治理基本框架

我国乡村治理从过去到现在经历了从简约治理向复杂治理的转变。简约治理注重强调降低治理成本、化解治理风险，但却无法有效解决当前复杂的乡村治理难题。传统以层级式"控制"为主的治理模式由于缺乏行动主动性、战略规划性、智慧监管性、灵活适应性，在治理乡村基层社会问题时往往面临着控制失灵的困境。随着乡村治理格局的多元化、主体关系的复杂性加剧，以及乡村治理数字化建设的加快推进，乡村治理面临着更大的机遇与挑战。习近平总书记指出："一个国家治理体系和治理能力的现代化水平很大程度上体现在基层。基础不牢，地动山摇。要不断夯实基层社会治理这个根基。"① 基层治理是国家治理的基石，统筹推进乡镇（街

---

① 习近平谈社区治理：提高社区效能的关键是加强党的领导 [EB/OL]. 新华社，(2020-07-24) [2022-10-26]. https://baijiahao.baidu.com/s?id=1673062490151106462&wfr=spider&for=pc.

道）和城乡社区治理，是实现国家治理体系和治理能力现代化的基础工程。德清以新一代数字技术为基础搭建"数字乡村一张图"数字化平台，面向农业、农村、农民的现实需求，通过对乡村治理相关的"人、地、物、事"等资源进行整合共享，聚集生产、生态与生活应用场景，实现县域乡村治理数字化平台全覆盖，走出了一条以数字赋能乡村治理的创新路径，持续推进数字赋能乡村产业振兴、美丽生态与美好生活，为本书总结数字赋能乡村治理提供了丰富的实践场景。

长久以来，我国乡村治理面临诸多难题，既相互交织又相互影响，主要表现为：第一，乡村资源要素零星分散，无法发挥整合后的规模效应。由于权责不清导致资源要素无法盘活和优化配置，使得乡村升级传统产业、发展新兴产业的道路受阻。第二，乡村社群具有离散性，基层治理人手不足。在乡村基层治理事件处置上常常出现治理问题发现不及时，处理也不及时。第三，受到乡土文化的影响，自治在我国乡村发展中起了主要作用。[①] 近年来乡村人口流失严重，治理主体弱化，形成了乡村空心化，这不仅影响到村庄的自治，也影响到上级政策在基层的落地情况。第四，乡村数字素养普遍偏低，包括一些村干部与大部分留守在家的老年人，导致各类数字技术的应用过程阻碍重重。第五，乡村主体多元化，在不同组织结构（例如政府、企业、村集体等）下表现出差异化的行动逻辑，这些行动逻辑之间可能会产生矛盾与冲突。如何协调多元主体的目标需求，使其"心往一处想，劲往一处使"，这是乡村治理关键的着力点。

总体而言，乡村基层治理问题普遍反映为治理事项多而散乱、治理力

---

① 徐凤增，袭威，徐月华. 乡村走向共同富裕过程中的治理机制及其作用——一项双案例研究 [J]. 管理世界，2021, 37(12): 134-151，194.

量缺乏合力、治理结构缺乏系统性。因此，数字技术需要通过"自下而上"的方式从乡村微观主体到宏观社会产生数字赋能，由点及面再逐级向上整合，以数字化重塑乡村治理结构。只有当数字技术引发了乡村治理结构的变动，且这种变动反过来重塑乡村多元主体的思维与认知时，数字技术才能担纲乡村治理范式变革的"赋能者"。

在乡村治理场景中，需要系统性地认识如何以数字技术应用为抓手，面向不同类型、具有不同目标需求的乡村主体，促进多元主体在数字技术应用场景中动态交互，协调不同主体的利益，实现主体数字赋能。不仅如此，从数字技术应用到数字赋能乡村治理，其深远的历史意义已不仅是技术生产效率的提升，更是数字技术从组织化应用迈向社会化应用，从微观主体向宏观社会的系统涌现，从主体数字赋能向社会数字赋能跃升。数字赋能乡村治理基本框架如图 2-1 所示。

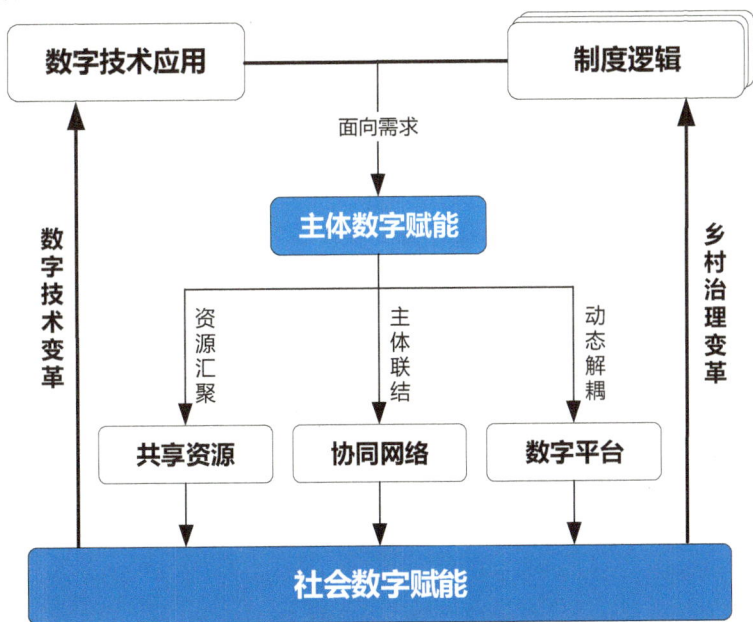

图2-1　数字赋能乡村治理基本框架

从主体数字赋能到社会数字赋能的深刻转变，具体体现在三个方面：其一，需要通过汇聚乡村各类分散、闲置的资源与要素，搭建可以统一规划利用的共享资源池，形成规模效应；其二，充分促进乡村主体之间的相互联结，构建更具弹性与灵活性的乡村治理协同网络，形成整合效应；其三，发挥数字平台价值，对乡村治理数字化平台进行动态解耦，让乡村任何微观场景中的信息都可以通过平台逐层传递、叠加与沉淀，形成涌现效应。

数字赋能乡村治理就是要在更广范围、更多领域加速从定性走向定量，从经验走向科学，从局部走向整体，实现乡村治理从低效到高效，从被动到主动的深刻转变，引发数字技术变革和乡村治理变革，纵深推进乡村治理数字化发展。

第二节 乡村治理主体与数字赋能

一、乡村治理主体内涵

习近平总书记指出，农村现代化既包括"物"的现代化，也包括"人"的现代化。[①] 这句话道出了在数字技术蓬勃发展的当下，乡村治理场景中的数字技术应用不仅需要考虑数字技术对"人"的作用，还需要考虑对"物"的影响。过去的经典观点认为信息系统只是对物理现实的代表和反映。然而，随着各种数字技术发展的日新月异，这种经典观点已经逐渐过时。取而代

---

① 习近平. 把乡村振兴战略作为新时代"三农"工作总抓手 [EB/OL]. 求是，(2019-06-01) [2022-10-26]. http://theory.people.com.cn/n1/2019/0601/c40531-31115484.html.

之的观点认为：数字技术正在创造和塑造物理现实，这被称作本体论逆转。①

　　本体论是对现实的哲学研究，它与存在或存在的本质有关。在这个数字化的世界里，我们的环境和构成我们周围环境的一切都是由数字技术塑造的。物理空间、社会空间和数字空间构成了当今世界的三元。② 这三元世界之间的关联与交互，决定了社会信息化的特征和程度。③ 数字化是感知物理空间和社会空间的基础，通过数字空间联结物理空间和社会空间的基本方式是网络化，数字空间作用于物理空间与社会空间的方式是智能化。④ 数字技术引发信息系统本体论逆转的观点鲜明地指出了数字化与传统信息化的差异，后者只是通过数字技术呈现与反映物理世界与人类社会，而前者则通过数字技术构架的数字空间来重塑与变革物理空间和社会空间。

　　"自然与人"是反映物理空间与社会空间关联与区别的精炼概括，二者以"一静一动"的状态正常运转。然而，自然的"静"只是从人的主观视角出发所理解的一种相对静止状态，事实上，自然和人一样时时刻刻处于运动状态，只是这种状态超出了人的感知范围，在短时间之内难以察觉到。例如村民用肉眼查看鱼塘的时候，表面上今天的鱼塘和昨日的鱼塘并无二致，但事实上二者在温度、含氧量等指标上可能存在差异。这样的差异随着时间不停流动，是人类主体作出决策的重要参考依据。然而，在不借助

① Baskerville R L, Myers M D, Yoo Y. Digital first: the ontological reversal and new challenges for information systems research[J]. MIS Quarterly, 2020, 44(2): 509-523.

② 潘云鹤. 人工智能走向 2.0 的本质原因——人类世界正由二元空间变成三元空间 [EB/OL]. (2019-11-03) [2022-10-26]. https://mp.weixin.qq.com/s/uMaXOebvOfideTtrvNsQrw.

③ 刘少杰. 从实践出发认识网络化、数字化和智能化 [J]. 社会科学研究，2022(2): 66-71.

④ 徐宗本. 数字化网络化智能化 把握新一代信息技术的聚焦点 [EB/OL]. 人民日报，(2019-03-01) [2022-10-26]. http://media.people.com.cn/n1/2019/0301/c40606-30951460.htm.

于数字技术的传统情况下，很难识别出物理空间的"动"态。对于极度依赖自然环境"动"态来作出决策的乡村治理场景而言，构建乡村数字空间。形成乡村治理协同网络是革新乡村治理模式的关键前提。

以前，在物理空间中，以乡村生态资源、道路、房屋等为代表的非人物体只是作为人类主体利用与改造的对象，以相对静态的形式存在，几乎不向外界传递信息或传递的信息有限。信息大部分来自于人类社会，这些信息由人类发出，没有单独成为一个空间，而是附着在人类社会之上。现在，信息的发出开始绕过人类，由物理世界发出，例如卫星、摄像头、手机、传感器等。随着智能终端和传感器的普及与无线互联网泛在化发展，网络联结的不再只是人类主体，还包括更多的非人物体。以乡村治理数字化平台为载体，通过新一代数字技术，乡村物理空间与社会空间被映射到数字空间，二者就像图层一样产生重叠与联结。具体而言，德清"数字乡村一张图"就是构建乡村数字空间，形成乡村治理协同网络的典型数字技术应用。

在乡村数字空间中，人与物"平等"地出现，二者都通过唯一的虚拟ID标识自身在数字空间中的身份。通过将虚拟ID与时间戳进行关联，万事万物均在流动，既包括人类主体，例如不断更新的村民个人信息，又包括非人物体，例如传感器实时上传的温度、湿度数据。一切皆流动，一切皆有迹可循。从行动者网络理论（Actor Network Theory，ANT）视角来看，人类主体与非人物体都可以被视作行动者（Actor）。[①] 为了更贴近现实中的叫法，同时更便于理解，本书将行动者统称为主体，即人类主体与物类主体。不同主体的流动路线如同浪花汇聚成河，不断累积"量变"，直至

① Latour B. Reassembling the social: An introduction to actor-network-theory[M]. Oup Oxford, 2007.

引起"质变"。这种乡村数字空间中的流动性要求我们远离以人类主体为中心的思维习惯和表达方式，从而更好地理解技术变革与社会发展之间的关系。

二、乡村治理主体数字赋能

"赋能"一词最早出现时的含义在于降低弱势群体的"无权感"[①]。顾名思义，乡村场景中的主体数字赋能是以数字技术为手段，疏通传统乡村治理场景下主体被阻塞的"通道"，充分发挥数字技术提高效能与效率的使能作用，使乡村民众、企业、乡贤、精英人才等人类主体从有限参与乡村治理过程变得"能"高效参与，使乡村资源、要素等物类主体从有限配置变得"能"高效配置，使乡村多元主体从有限交互变得"能"高效交互。换言之，通过乡村治理数字化平台构建乡村数字空间，形成乡村治理协同网络的前提是要让乡村人类主体变得"能"全面"触网"，乡村物类主体变得"能"充分"成像"，乡村多元主体"能"动态交互。

（一）数字赋能乡村人类主体全面"触网"

党的二十大报告指出："必须坚持在发展中保障和改善民生，鼓励共同奋斗创造美好生活，不断实现人民对美好生活的向往。"[②]改革开放以来，社会生产力明显提高，人民生活显著改善，对美好生活的向往更加强烈，人民群众的需求呈现多样化、多层次、多方面的特点。过去，政府基于"供给导向"，采用"请求—响应"的被动服务模式，即只有当人民群众提出

---

① Solomon B B. Black empowerment: Social work in oppressed communities[M]. New York: Columbia University Press, 1976.

② 习近平. 高举中国特色社会主义伟大旗帜 为全面建设社会主义现代化国家而团结奋斗——在中国共产党第二十次全国代表大会上的报告 [EB/OL]. 新华社, (2022-10-25) [2022-10-26]. http://www.gov.cn/xinwen/ 2022-10/25/content_5721685.htm.

公共服务需求之后，政府部门才被动地进行决策，因而造成了供给与需求错位、响应不及时等问题。物联网、云计算、大数据、人工智能、区块链为代表的数字技术以互联网为纽带进行了融合应用，在广泛互联的基础上不断融合与创新，释放了人民群众的多样化个性化需求。一方面，数字技术为人民群众表达需求提供了渠道。人民群众可以每时每刻接入政府提供的各类信息系统，改变了技术的应用场景，促进了政府服务模式创新，为满足人民群众多样化个性化需求创造了前提条件。另一方面，政府利用数字技术能够实时感知和搜集人民群众的行为与特征，识别其倾向与偏好，预测和模拟公共服务供给方案，从而做出前瞻性、预测性的供给决策，主动响应人民群众需求的变动。政府与人民群众作为公共服务的供给主体与需求主体，二者之间的关系通过数字技术应用，转变成新的基于"需求导向"，采用"感知—响应"的主动服务模式，即数字技术产生了赋能作用。与此同时，也应当留意到新技术冲击导致的主体适应性问题，这样的问题在整体数字化能力偏低的乡村场景中尤为明显。

在乡村场景中，数字技术应用对人的冲击主要体现在后者如何适应各类新技术，并在采纳与使用过程中如何提升其数字化能力。著名教育游戏专家 Marc Prensky 在 2001 年首次在教育领域中提出了"数字原住民"（Digital Natives）与"数字移民"（Digital Immigrants）的概念，探讨了二者之间的矛盾与冲突。[①] 其中，数字原住民是指在各类新技术不断涌现的环境下成长起来的人群，他们对于技术的更新迭代习以为常，因而总是能够较快适应并上手使用新技术；而数字移民则是在网络时代之前成长起来的那一代人

① Prensky M. Digital natives, digital immigrants part 2: Do they really think differently?[J]. On the Horizon, 2001.

群，他们在后天接触新技术的过程中慢慢适应与摸索，一部分人群受限于教育水平或认知观念，始终无法适应新技术，被认为是隔离在数字红利之外的"弱势人群"。数字原住民与数字移民之间的矛盾与冲突在数字化能力普遍偏低的乡村场景中表现得尤为突出，这也成为乡村管理者突破乡村治理数字化难题的关键之一。通常乡村老年人无法独立、熟练地使用各类政务软件，导致公共服务从提供到触达之间存在脱节。德清针对老年群体的困难与诉求，分别通过智慧养老、清松办、数字生活智能服务站等场景应用，解决了老年人群在医疗服务、政务服务、生活服务上面临的问题，进行了较好的实践探索。

在数字赋能乡村治理的过程中，基层干部能力现代化是一个显著标志。当前处在"百年未有之大变局"时代，面临前所未有的机遇与挑战，如果站位不高、能力不足、眼界不宽，就会错失良机。这就要求基层干部转变观念、增强本领、提升能力。然而，在实际情况中，一些乡村干部因数字化能力不足无法胜任乡村治理数字化建设工作。而乡村治理数字化建设又是一项时效性与紧迫性兼具的工作，为了快速推进建设进程，乡村政府通常会通过聘用市场化技术人员等外包方式来解决。这些外部引入的技术人员虽然具有较强的数字化建设能力，但是缺乏乡村治理业务知识与工作经验，容易导致数字技术应用无法因地制宜地实施。而对于原有了解乡村实际情况的乡村干部存在动员、培训不足，使得本该在乡村治理数字化建设中发挥积极作用的内生力量逐渐被边缘化。[①] 针对此，德清县委、县政府多次召集各村庄基层领导干部开展数字技术应用培训，介绍"数字乡村一张图"

---

① 刘天元，田北海. 治理现代化视角下数字乡村建设的现实困境及优化路径 [J]. 江汉论坛，2022(3)：116-123.

的功能与用法，有效推进了"数字乡村一张图"的落地实施。

（二）数字赋能乡村物类主体充分"成像"

管理学大师彼得·德鲁克曾经说过：无法度量则无法管理[1]。在大数据时代，一方面，各种感应探测技术、智能终端以及移动互联网的广泛应用，使得社会经济生活的方方面面以更细粒度的数据形式呈现，进而整个社会的"像素"得到显著提升；另一方面，社会"像素"的提升促进了数字"成像"的发展，使得通过数据可以更清晰地描绘社会经济活动情境。[2] 在乡村治理场景中，数字技术应用对乡村物类主体的影响主要体现在后者如何通过数字技术"成像"，使其在乡村数字空间中可被识别与度量，进而才能对其进行有效管理。一直以来，乡村土地、资本、劳动力等各类要素"像素"不清晰、无序流动，造成各资源要素长期"沉睡"，无法释放价值。

在数字赋能乡村治理的过程中，数字技术应用就是要在乡村价值体系的基础上，通过改变某些乡村要素，或改变某些要素间的关系，实现乡村结构的更新，为乡村注入新的活力，使乡村获得新的发展动力，在更高层次上获得发展。[3] 根据生产关系适应数字化时代发展的规律与特点，充分发挥数据在资源配置中的决定性作用，更好发挥政府作用，破解要素流动不畅、资源配置效率不高等制约高质量发展的瓶颈，为社会、市场、经济增添新动能、创造新价值，在更高层次更高水平上解放生产力，激活全社会活力。实施乡村振兴战略，必须把制度建设贯穿其中。要以完善产权制度和要素

---

[1] Drucker P. The practice of management[M]. Routledge, 2012.

[2] 陈国青，吴刚，顾远东，陆本江，卫强. 管理决策情境下大数据驱动的研究和应用挑战——范式转变与研究方向 [J]. 管理科学学报，2018, 21(7): 1–10.

[3] 朱启臻. 当前乡村振兴的障碍因素及对策分析 [J]. 人民论坛·学术前沿，2018(3): 19–25.

市场化配置为重点，激活主体、激活要素、激活市场，着力增强改革的系统性、整体性、协同性。

以农村宅基地为例，这是一项典型的政府、市场、村民等多方主体参与多跨协同重大应用场景，由于其涉及面广、主体多样、改革周期长、影响深远，加上遗留的一系列历史问题，是各地农村改革的重点与难点，主要表现在：第一，农户端摸底困难。宅基地底数摸底是推进宅基地制度改革的基础。在当前生态保护红线下，农房资产化会大幅度提升农民财产性收入，是缩小三大差距、实现共同富裕的重要手段。而要盘活农房，就要全面摸清宅基地规模、布局、利用状况等基础信息，从而在审批、流转等关键环节做出相应的制度改革设计，最终在市场上形成合理的经济价值。由于城乡人口流动、信息采集滞后等原因，农村宅基地基础数据库始终难以建立，致使摸底不清，难以分门别类、精准施策。第二，政府端监管服务难。主管部门多跨协同是推进宅基地制度改革的保障。宅基地制度改革涵盖三权管理、审批管理、数据仓建设、盘活利用、综合监管等核心治理板块，涉及农业农村、自然资源和规划、建设等多业务部门和乡镇（街道）属地责任管理主体，部门交叉、条块重叠，业务协同度要求高。同时涉及村集体经济组织所有权主体，法律关系复杂。宅基地制度改革主要为了厘清"三权"之间关系，完善集体所有权行使、农户资格权保障、使用权流转、抵押、自愿有偿退出、有偿使用、收益分配等机制，高度依赖配套的数据、项目全生命周期管理应用场景和共享贯通的省市县公共数据平台。在传统政府监管服务中，数据管理、信息服务、资源共享等功能存在较大短板，核心业务部门联动、重点技术开发、流程再造识别较为滞后，农村宅基地规、批、供、用、管、查、登全流程数字化闭环管理实现难。第三，市场端需求匹配难。市场化运作是持续推进宅基地制度改革的动力。当前不少地区已实现"一户一宅一房",城乡收入差距逐步缩小,但财富差距却在扩大。究其原因,表面上是信息不对称造成了农村宅基地使用权流转性不足,难以反映真实市场价格;实际上,是传统资源结构性问题,造成宅基地物权化过程中难以承载新业态、新经济,缺乏实现农村各要素价值综合转化的有效技术手段,影响农村内外部市场之间的供需平衡。此外,在严守底线、稳慎推进前提下,放活宅基地和农民房屋使用权,加大宅基地使用权流转,盘活利用农村闲置宅基地和闲置住宅发展乡村产业缺乏相应的技术、金融、规划等方面的市场服务支持。

德清通过建立"宅富通"——农村宅基地数字技术应用,有效盘活农村闲置宅基地资源,实现了村民从"有钱建宅"到"有宅生财"的巨大转变。除了宅基地改革,德清围绕"国际化山水田园城市"县域定位,推动乡村旅游走向国际,培育了以"洋家乐"为代表的乡村民宿新业态,打响了"原生态养生、国际化休闲"品牌;此外,德清还以实施农业供给侧结构性改革为引领,有效破解一批制约乡村旅游发展的深层次问题。如聚焦用地问题,通过深化农村土地制度改革,创造了"农地入市"创新应用。简而言之,德清的种种做法均以数字技术应用为基础,充分激活、盘活传统乡村情境下不够显性的各类要素,真正将资源优势转化为经济优势,找到了一条推动乡村振兴的发展新路。

（三）数字赋能乡村多元主体动态交互

在我国乡村治理场景中,政府行政治理、宗族治理、村民自治、乡村精英治理等多种治理机制并存[①]，导致了乡村治理主体虽然多元，但治理力量分散的局面。例如，政府行政治理信息不对称和过高成本而导致治理失灵[②]，宗族势力对乡村民主治理产生干扰[③]，乡村精英外流导致治理人才缺乏[④]等。不同主体具有差异化的目标需求，如何协同乡村多元主体的行动逻辑，整合乡村治理力量，是当下乡村管理者面临的关键难题。

社会主体行为活动规律极具复杂性，因为主体无法单独存在，必然会与其他主体发生交互，而乡村治理的复杂性正是源于乡村基层社会系统中主体之间复杂的交互协作。基层治理是国家治理的基石，是实现国家治理体系和治理能力现代化的基础工程。习近平总书记强调，基层强则国家强，基层安则天下安。[⑤]乡村基层事件繁多、杂乱，政府部门如果不能快速掌握情况、及时应对，将会严重妨碍政府对乡村治理工作有效的开展，更会严重制约政府对诸如群体性事件、社会舆情等社会问题的有效管理。

改革开放以来，我国乡村社会结构发生了翻天覆地的变化，出现了复杂化、多元化的社会阶层和纷繁复杂的目标需求，政府管理过程中存在大量公权力触及不到的角落，在某些领域的管理绩效上存在"政府失灵"的现象。[⑥]因而，需要动员多元主体的社会力量多层次协同发挥功能，政府虽

① 徐凤增，袭威，徐月华. 乡村走向共同富裕过程中的治理机制及其作用——一项双案例研究 [J]. 管理世界，2021, 37(12): 134-151，194.

② 张晓山. 简析中国乡村治理结构的改革 [J]. 管理世界，2005(5): 70-76.

③ 仇童伟，罗必良. "好"的代理人抑或 "坏"的合谋者：宗族如何影响农地调整 ?[J]. 管理世界，2019, 35(8): 97-109.

④ 刘守英，王一鸽. 从乡土中国到城乡中国——中国转型的乡村变迁视角 [J]. 管理世界，2018, 34(10): 128-146.

⑤ 习近平春节前夕赴贵州看望慰问各族干部群众 [EB/OL]. 新华网，(2021-02-05) [2022-10-26]. http://jhsjk.people.cn/article/32024158.

⑥ 范如国. 复杂网络结构范型下的社会治理协同创新 [J]. 中国社会科学，2014(4): 98-120，206.

然发挥着主导作用，但无法替代其他主体所具备的独特功能。更进一步而言，乡村治理离不开多元主体之间及时有效的信息传递和信息交互，离不开数字技术与数字化平台的广泛应用。而在乡村治理系统中，数字技术应用对主体的赋能作用需要充分考虑主体的多样性以及主体之间交互的复杂性。传统制度理论仅强调单一的主导制度逻辑，而制度逻辑理论强调制度的多元性。相比之下，后者更适合于解释乡村治理场景中数字技术应用对多元主体产生赋能作用的机理。

法国著名学者帕特里夏·H.桑顿（Patricia H. Thornton）[1] 提出，社会是一个由多种不同制度秩序组成的跨制度系统，每一种制度秩序都有其定义逻辑，包括国家逻辑、专业逻辑、市场逻辑、公司逻辑、家庭逻辑、社区逻辑与宗教逻辑。这些制度逻辑之间相互矛盾却又彼此依存，共同影响着组织和个体的行为。社会变革被认为是构成跨制度系统的多种制度秩序的转移，一些逻辑变得更加主导，部分逻辑变得更加边缘化。德清"数字乡村一张图"作为代表数字技术引发乡村治理方式变革的缩影，厘清乡村场景中制度逻辑之间的冲突与融合，是挖掘数字技术如何赋能乡村治理的关键前提。

在不考虑西方语境下的宗教逻辑以及作为社会最小单元的家庭逻辑的前提下，德清数字乡村场景中主要存在五种制度逻辑，分别是政府逻辑、市场逻辑、公司逻辑、社区逻辑和专业逻辑。其中，在本书中政府逻辑与桑顿提出的国家逻辑内涵相同，将国家逻辑更名为政府逻辑的目的是更加突出政府作为主体的角色与作用。这五类制度逻辑构建以政府主导、多元

① Thornton P H, Ocasio W, Lounsbury M. The institutional logics perspective: A new approach to culture, structure and process[M]. OUP Oxford, 2012.

共生的协同共治格局，如图 2-2 所示。

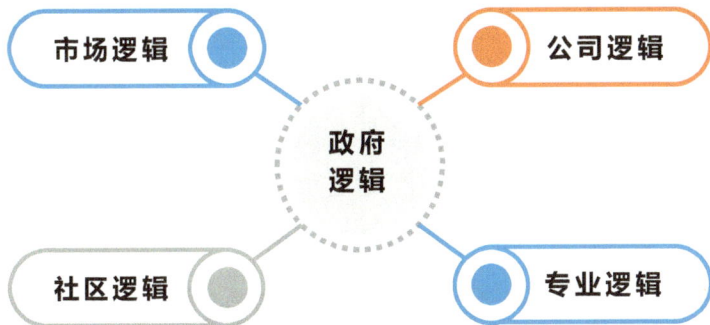

图2-2　数字乡村场景中的制度逻辑

1. 政府逻辑

政府逻辑的目的是满足公民需要以及实现行政绩效。西方的治理困境及我国的治理实践表明，政府主导是治理体系现代化的内在逻辑。我国倡导以政府逻辑为主导的现代化治理体系，不是简单延续我国历史文化的母版，而是坚持问题导向，聚焦我国社会主要矛盾的转化，形成面向人民之治的国家善治。坚守治理体系现代化的政府逻辑，不仅有助于走出"多中心治理"的迷思，正确发挥政府在治理体系中的主要引领作用，更是实现社会公正、提高市场效率、培育社会自治的制度架构与机制保障。总体而言，政府逻辑的代表性主体是跨层级、跨部门的政府机构，其行动出发点以最大可能性将提供的公共服务惠及每一个公民，并使得这一过程可追溯。

2. 市场逻辑

市场逻辑主要关注产业发展。随着改革开放的推进，我国部分乡村引入了第二产业和第三产业，这些产业在村庄内部以及村庄与外界之间的运营以市场逻辑作为支撑。以德清为例，地理信息产业是其优势产业。德清抢抓地理信息产业发展机遇，集聚优势资源建设地理信息小镇，成为国家火炬特色产业基地，是全国地理信息业态最为集中的区域。德清聚焦数字化改革，引导企业积极探索数字化转型，推动地理信息产业跨界融合发展，积极鼓励小镇企业在稳固测绘业务的基础上，前瞻布局地理信息数据在数字乡村建设等多领域的融合应用。通过积极打造地理信息产业，德清形成独特的产业优势，培养了一大批企业、人才，并建设了与地理信息产业相关的基础设施，为"数字乡村一张图"的落地实施过程创造了良好的条件。

3. 公司逻辑

公司逻辑的行动出发点在于通过控制最小化成本投入实现最大化收益产出，其关注的核心是如何提高企业的市场地位，以扩大企业规模为战略基础。在一些公共服务领域，政府由于受限于制度、人力、物力、财力等方面的约束，存在一些始终无法优化解决的问题。通过借助于企业的力量，可以对相关问题进行有效解决。以垃圾分类为例，尽管近20年来，全国各地开展了大量的垃圾分类试点示范和实践探索，但管理成效仍不理想，居民垃圾分类参与率仍较低，垃圾减量化没有取得实质性进展。针对这样的沉疴积弊，德清通过扶持一批致力于解决农村生活垃圾分类处理的企业，将公司化运作介入准公共服务中，有效地推出了解决方案。

4. 社区逻辑

社区逻辑的行动出发点集中在社区成员之间建立联系，以及支持社区内开放性和参与性治理。乡村中的社区逻辑以血缘地缘关系为联结，乡村民众重视个人在村庄中的声誉和面子，并以维护乡村利益为主要目的，这样的社区逻辑的形成依赖于社区成员对社区价值观与意识形态的承诺，与中国几千年传承下来的乡土文化息息相关。"人有德行，如水至清"，这八个字在德清随处可见，已然是德清最亮丽的城市名片。近年来，德清积极培育县域"德文化"品牌，形成了精神文明建设的"德清现象"。这样的文化品牌有助于激发民众的文化意识，从而为德清推动乡贤治理、村民自治等不同治理方式创造了良好条件。

5. 专业逻辑

专业逻辑的行动出发点在于当专业人员制定其专业身份和规范时，他们将把注意力集中在增加知识以及将知识投射给他人的可能性上。如今，我国在统筹城乡发展方面取得显著成效，但城乡发展不平衡不协调问题依旧存在。受制于要素流动、资源配置与体制机制等影响因素，乡村基本公共服务水平还无法完全满足乡村现代化发展需要。第一，乡村基本公共服务供给数量不足、质量不高，导致乡村基本公共服务供给水平与城市相比明显滞后；第二，乡村基本公共服务供给和需求存在偏差，降低了农民对公共服务的满意度，影响幸福感的提升；第三，乡村基本公共服务供给主体单一，主要依赖政府力量，缺乏合力支撑。[①]乡村治理需要充分动员基层的力量。在德清，针对村民基本事务、健康保障、环境保护等多方面的需求，在县委、县政府的直接参与或间接引导下，设立了不同岗位或创新不同服务模式，例如网格员、家庭医生、垃圾清运员等，这些主体来自政府机构、事业单位、企业员工、志愿者等不同渠道，处于各类公共服务的末梢端，直接与服务对象相接触，保证了政府提供的基本公共服务可触可达。通过将服务过程抽取出来，借助于组织保障、市场运转等不同方式进行合理的专业化分工，极大提升了公共服务供给质量。

---

① 李现丽 . 着力提升农村基本公共服务供给水平 [J]. 农业经济 , 2022(6): 30–32.

　　政府逻辑、市场逻辑、公司逻辑、社区逻辑和专业逻辑代表了乡村治理场景中的不同社会建构模式。不同制度逻辑之间可能存在矛盾与冲突，但却长期共存并共同影响处于其中的主体的认知和行为。新一代数字技术正在通过数字化、网络化、智能化，改变人、物、服务之间的互联方式，经济发展、社会发展、政府服务之间的边界渐渐被打破，政府、市场、社会的关系逐渐走向融合，数字化平台成为激发多元主体交互的重要载体。平台的主体构成包括平台拥有者、平台供给方、平台需求方以及平台监管者。其中平台拥有者控制知识产权和规则制定，平台供给方创造产品或服务，平台需求方使用这些产品或服务，平台监管者监督平台发展，规范平台运营。数字化平台的主体结构如图 2-3 所示。

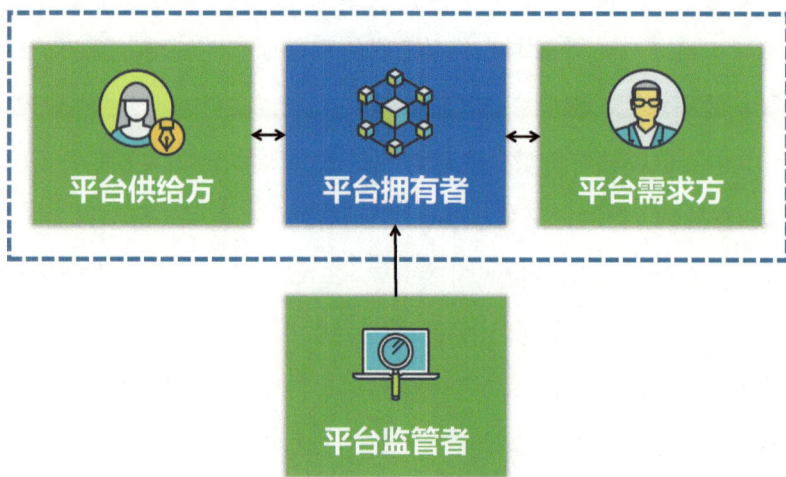

图2-3　数字化平台的主体结构

　　数字化平台越来越成为多元主体交互的重要载体，并广泛应用到乡村治理场景中，究其原因主要与平台的作用机制相关，表现在四个方面。[1] 第一，匹配供需。需求方要想找到合适的供给方以及供给方要想找到合适的需求方的需求都可以通过平台的方式得到解决，换言之，平台变成了供需双方匹配的聚点（Focal Point）。相比起供需双方自身单独寻找合适的匹配对象来说，平台更擅长解决匹配的过程，因为平台可以对市场供需特征获取到更好的信息。网络效应的理论解释了平台匹配供需的作用，即网络越大，供给和需求越匹配，用于寻找匹配的数据也越充足。规模越大，产生的价值越高，越能吸引更多的参与者加入平台，从而越加扩充平台用于匹配的数据，匹配效果也更加精准、及时，即形成了良性反馈回路。第二，降低信息不对称。比起每个需求方不得不独自与一个合适的供给方协商，每个供给方不得不协商条款并满足个体需求方的订单的情况，平台可以整合大量供方的产品或服务，以及需方的需求。这带来了交易成本的降低、规模经济的增加，降低了供需双方在议价权上的信息不对称。第三，降低信息搜索成本。跨不同时空维度的主体之间的信息交换十分耗成本，尤其对于隐性的或者难以描述清楚的情境知识来说更是如此。平台通过协调过程、翻译供需双方发送的信息，促进了信息交换。同时，平台通过降低总体的流程成本和协调成本，提高了市场效率。第四，增加信任。平台可以防止市场上的投机行为。由于长期参与市场中，平台具有很强的激励性去保证市场交易的完成。参与到一次交易中的供需双方即使以后都不再彼此交易，但为了保证以后能够正常在平台上与其他主体进行交易，双方都会避免产

---

① Bailey, J. P., & Bakos, Y. An exploratory study of the emerging role of electronic intermediaries[J]. International Journal of Electronic Commerce, 1997, 1(3): 7–20.

生投机行为，以免被平台剔除。此外，由于平台比任何一个供给方和需求方参与到更多的交易过程，因而更可能从对监督平台主体行为的技术的投资中享受规模经济的好处，也更能够避免交易风险。

数字化平台既是一个技术载体，更是一种组织方式。将平台思维运用到乡村治理场景中时，平台拥有者与平台监管者的身份发生了重叠，二者都共同由政府扮演。在大多数情况下，平台供给方由具体的政府职能部门担当，而平台需求方通常是接受政府提供公共服务的公民。乡村最缺乏的并不是治理力量，最稀缺的是把不同主体的治理潜能有效聚合在一起并转化为治理力量的平台，即以数字化平台整合治理力量，形成多元主体共治格局。数字化平台既可以成为新的治理工具，例如德清用于激励全民参与护水的公众护水平台，用于规范工程渣土管理的应用平台等，也可以成为新服务渠道，例如用于推动基本公共服务在乡村落地的"浙里智惠·基本公共服务""清松办"等应用。

在乡村治理场景中，主体之间的交互方式既可以通过数字化平台进行，也可以通过最为传统的面对面沟通方式。在治理手段上，前者对应着技术治理，是一种正式治理方式；后者对应着关系治理，是一种非正式治理方式。二者在乡村治理过程中均扮演至关重要的角色，缺一不可。

乡村承载着几千年以来农村文明的发展，虽然乡村居住形态随着时代变迁而发生变化，但是一脉相承的风俗习惯、宗族亲缘与邻里乡亲，始终是乡村社会关系结构的重要构成。乡村民众作为乡村基层社会系统中最基本的构成要素，是乡村基层社会信息最直接、灵敏的感知者与提供者，他们通过各种途径和方式自发组织地参与并管理乡村基层事务。乡村治理不能只靠政府独自推动，而是要充分发挥"取之于民、用之于民"的思想，调动最广大的人民群众参与治理的热情。在此方面，德清县政府充分调动广大乡村民众、乡贤、网格员的力量，以及通过制定村规民约等，将基层的矛盾纠纷化解在内部，为有效地推进乡村治理做出了典型示范。

综上所述，从制度逻辑的理论视角，社会是一个包含多种主体行动秩序的跨制度系统，社会变革是跨制度系统的多重逻辑的转移。党的十八届三中全会提出要建设国家治理体系和治理能力现代化，由"管理"到"治理"，内涵更加丰富了。传统意义上，"管理"强调的是"管"，体现更多的"人治"特色，而"治理"强调的是"共治"。社会管理与社会治理之间存在着主体作用上的区别，前者注重的是政府在其中发挥的主导作用，而后者则强调多元主体所发挥的协同作用。从社会管理到社会治理，虽然只是一字之差，但意味着政府不仅要向市场放权，也要向社会放权；不仅是政府执政理念的转变，也是政府角色定位的转变。[①] 在乡村治理场景中，要加强多层级、多领域和多样化的不同制度逻辑之间的整合、匹配和协同，发挥制度合力，减少制度摩擦和冲突；逐渐缩减传统的更多指向政府内部闭环的制度规则，避免以往分裂式的乡村治理制度带来治理议题分割、治理权责分割、治理政策碎片化等弊端，发挥治理制度合力，解决涉及全局性的重大问题。通过对乡村治理数字化平台的应用，政府、市场、企业、村民、网格员等多元主体在不违背自身行动准则的前提下进行有机组合，在生产、生态、生活等各类不同场景中不断完善治理结构，构建以政府主导、多元共生的协同共治格局。

---

① 乔智. 政府如何在社会治理中找准定位 [J]. 国家治理，2015(24): 36-42.

第三节　主体数字赋能到社会数字赋能跃升路径

社会系统是一个"开放的复杂巨系统"[①]。乡村基层社会作为复杂系统的典型代表，由多元主体及其交互构成。数字技术如何从赋能微观主体扩展到赋能宏观社会，可以从复杂适应系统理论视角提供解释[②]，这也是厘清数字赋能乡村治理路径的关键前提。复杂适应系统（Complex Adaptive System，简称 CAS）理论由美国学者约翰·霍兰（John Holland）教授[③] 提出，他指出："我们把系统中的成员称为具有适应性的主体，简称主体。适应性指主体能够与环境以及其他主体进行交互，适应能力表现在主体能够根据行为的效果，通过与环境以及其他主体在持续不断的交互过程中不断地学习或累积经验，并且根据学到的经验改变自身的结构和行为规则，以便更好地在客观环境中生存。由这样的主体组成的系统将在主体之间以及主体与环境的交互中发展，整个宏观系统的演变或进化都是在这些微观基础上逐步涌现出来。"

复杂适应系统理论通过构建由来自政府、市场、社会的大量微观异质性行为主体以及主体之间复杂、动态、多样化的交互关系所构成的社会复杂系统，结合各异质性主体的属性特征和行为特征，设计适当的机制，以顺利实现形成乡村基层社会复杂系统的宏观时空结构或有序功能结构的自组织状态。

近十年以来，新一代数字技术的蓬勃发展，为乡村治理数字化提供了

---

① 钱学森，于景元，戴汝为. 一个科学新领域——开放的复杂巨系统及其方法论 [J]. 自然杂志，1990(1): 3-10，64.

② 王芳，郭雷. 数字化社会的系统复杂性研究 [J]. 管理世界，2022, 38(9): 208-221.

③ Holland J H. Emergence: From chaos to order[M]. OUP Oxford, 2000.

关键的技术支撑。具体而言，将 GIS、物联网、大数据、云计算、人工智能、区块链等数字技术嵌入乡村基层社会之中，通过数据融合、技术融合与业务融合，形成乡村治理数字化平台。基于平台，以数字赋能新型乡村治理形态和治理模式，为推进乡村治理体系和治理能力现代化提供系统性解决方案，实现基层治理方式由"自上而下"向"上下互动"转变，由"单打独斗"向"协同共治"转变，全面构建省市县乡村网格一体贯通、线上线下实时联动的整体智治格局。乡村治理数字化平台本质上是在乡村物理空间与社会空间的基础之上搭建数字空间，将复杂的乡村基层社会运行体系映射在多维、动态的数据体系之中，实时、量化、可视化地观测乡村基层社会运行规律、社会诉求变化以及政府实施绩效，进而提升乡村治理的有效性。总体而言，数字技术在乡村场景的应用过程中实现了从主体数字赋能向社会数字赋能的跃升，体现在三个方面。

一、汇聚分散资源，放大乡村共享资源的规模效应

一方面，乡村资源具有流动性、跨区域等特征，难以清晰界定产权和责任，也难以明确受益主体，导致大量优质资源难以进入市场交易，无法创造经济效益；另一方面，乡村资源零星分散，呈碎片化分布，导致无法发挥资源整合的规模效益。因此，需要借助数字技术应用，整合乡村分散资源，放大规模经济效应，将资源优势转化为经济优势。信息通过比特而不是原子来进行表征，这意味着与比特信息相关的搜索成本、复制成本、传输成本、追踪成本和验证成本趋近于零。[1] 因而更加需要充分发挥作为信息载体的数据要素的驱动作用，充分盘活乡村各类资源要素。以宅基地为

---

[1] Goldfarb A, Tucker C. Digital economics[J]. Journal of Economic Literature, 2019, 57(1): 3–43.

例，由于这类资源分散闲置在不同农户手中，对外又缺乏信息发布渠道，其长期处于"沉睡"状态，无法发挥经济价值。针对于此，德清搭建了数字化平台——"宅富通"，将闲置宅基地的供给与潜在买家的需求整合起来，为二者之间搭建了供需桥梁。这一举措让过去长期闲置、分散的宅基地资源搭上了数字化改革的快车，充分整合放大了共享资源的规模效应，适应了数字乡村建设的需求。

二、联结多元主体，构建治理协同网络的整合效应

乡村的大多数治理场景及其暴露的问题具有高度复杂性与相关性，作为治理主体的政府而言，这些问题对内涉及多个职能部门的业务，对外涉及多种不同主体的需求。在人力物力财力投入有限的前提之下，政府需要充分发挥引领作用，设计机制联结多元主体，构建治理协同网络，形成治理合力，达到"1+1>2"的整合效果。借助于数字化"留痕"的作用，将每一次的协同做法在乡村数字空间中记录并关联起来，从中总结规律、经验与范式。由此逐步实现乡村治理从分散走向集中，从零散走向整合，从部分走向整体，形成全面融合、高效协同的乡村治理体系，构建一体贯通、线上线下实时联动的整体智治格局。例如德清在搭建"数字乡村一张图"的过程中，叠加了各部门18个图层，归集了58个部门282类数据，实时共享时空信息、基层治理四平台、污水处理等15个系统数据。这些做法有效地实现乡村"人、事、地、物"跨时空、跨场景关联，这使得政府遇到任何乡村复杂治理问题的时候，可以快速地将问题涉及的所有关联主体调动起来，从而拿出整体性的解决方案。

三、解耦数字平台，实现从微观到宏观的涌现效应

数字平台的架构包含了设备、网络、服务、内容等不同层级[①]，运用数字化思维，通过动态解耦可以剥离平台在乡村治理场景中不同层次的实践应用，使得不同层次形成专业化分工，平台的整体运转会更加具有自组织、自适应能力。数字平台的动态解耦使得乡村任何微观场景中的信息都可以自下而上逐层完整传递、叠加与沉淀，在通过"量变"引起"质变"之后，平台汇聚的大量信息容易产生涌现，帮助乡村管理者探索出一些通过传统经验难以发现的规律，有助于其形成全局性认知、判断与决策。"数字乡村一张图"的落地实施过程就充分运用了平台动态解耦的思想。在设备层，乡村通过安装各种传感器、摄像头，以及无人机拍摄、卫星拍摄等多种方式，为乡村物理状态"成像"为数字状态奠定了必要基础；在网络层，由不同设备终端实时采集的数据通过传输、整合到统一的平台上并产生关联，由此构建乡村数字空间，形成乡村治理协同网络；在服务层，乡村各个场景中产生的事件通过可视化的方式呈现，乡村管理者可以做到从"感知"到"响应"的及时反馈，并创新出不同的服务模式，例如根据事件的复杂性分成网格员本人解决、派专人解决等不同的处理方式；在内容层，乡村管理者可以总览乡村整体概貌，做决策更加纲举目张、高屋建瓴。通过动态解耦，乡村治理数字化平台更容易解决乡村治理复杂问题，构建"县乡一体、条抓快统"的整体智治格局。

---

① Yoo Y, Henfridsson O, Lyytinen K. Research commentary—the new organizing logic of digital innovation: an agenda for information systems research[J]. Information Systems Research, 2010, 21(4): 724–735.

第四节　数字技术变革与乡村治理变革

系统是"由相互作用和相互依赖的若干组成部分结合成的具有特定功能的有机整体"①。乡村基层社会作为一个由多种制度逻辑组成的跨制度系统，通过乡村治理数字化平台的应用，从微观主体到宏观社会实现整体赋能的过程中，多种制度秩序之间不断重组与融合，多元主体之间的交互也不断调整与适应，使得乡村基层社会逐渐趋近于一个自组织、自适应的稳定形态。在这样的形态下，数字技术应用与制度逻辑进化成新的结构，引发数字技术变革与乡村治理变革。

一、数字技术变革

"不识庐山真面目，只缘身在此山中。"过去，在物理空间中，由于时空限制，人们往往只能从局部出发认识现象与问题，很难窥见全貌。在数字空间中，得益于粒度缩放的数据，人类可以通过跨界关联、全局视图重新认知世界，从而"横看成岭侧成峰，远近高低各不同"。在数字空间中，当人类主体与物类主体的多重的行动流沿着不同的路线发出，重合并缠绕在一起时，现象就会像蝴蝶效应那样不断地形成、叠加与发酵，最后涌现整体性、全局性变革。

数字空间是对物理空间与社会空间的映射，更是对其进行降维，形成信息平面。每一个在物理空间与社会空间中有棱有角的主体表征到数字空间之后，都只是一个信息点。各类信息点汇聚成面，更加容易涌现出复杂的问题，这是数字赋能所具有的独特特征。此时，乡村管理者借助于乡村

① 于景元. 钱学森系统科学思想和系统科学体系 [J]. 科学决策，2014(12): 2-22.

治理数字化平台构建的乡村数字空间与形成的乡村治理协同网络，可以轻易地见微知著，一叶知秋。关注的点不再只是单个应用，而是跨层级、跨地域、跨系统、跨部门、跨业务的多跨协同应用场景。

在乡村场景中，数字技术变革表现在各类数字技术应用的创新扩散过程。数字技术应用在推广过程中，人们会对其产生一个从认知到尝试，从逐渐接受到缓慢适应的过程。尽管接受新事物意味着对过去已经建构的稳定行为模式具有一定颠覆性，但从理性行为决策的角度看，人最终会更加倾向于选择对自己有利的行动。例如，在德清智慧养老的场景中，通过向老年人发放可穿戴设备实时监测其健康状况，既能够减少医护人员上门拜访的时间成本，又能够让医生掌握患者的真实动态信息，最重要的是，能够从根本上保障老年人的健康。当这样的数字化应用的赋能效果取得越来越多的老年人及其家属的认可之后，会逐渐普及并贯穿到老年人的日常生活中，使得越来越多老年人的定点信息得以留痕。在此基础之上，将这些信息统一汇聚到"数字乡村一张图"上，并将老年人的健康状况与其地理位置进行关联，可以帮助乡村管理者超越对某一个具体患者认识的范畴，掌握整个管辖区域内所有老年人的健康概貌、属性特征、时空规律，从而做出更具全局性的决策——这也意味着数字技术应用在乡村发生了变革。

二、乡村治理变革

过去，人们通过还原论从整体往下分解问题，直到每个部分都弄清楚为止，然后再由最底层的各部分逐一汇总和逐层向上，直至把问题整体分析清楚或者解决。然而，在乡村治理的复杂场景中，这套方法论已经不再适用，因为把整体问题分割成各个相互独立的部分，一个个单独研究各个部分再简单汇总叠加，就已经切断了问题各部分之间的复杂关联与结构，原有的整体性机理也遭到破坏，依然解决不了整体性问题。[①]

如今，有学者在理解复杂系统时，认为"整体"或"部分"都不是绝对意义上的存在，而是一个层次结构中的实体既显示了通常归属于"整体"的特征，也显示了通常归属于"部分"的特征，这取决于观察者的视角。乡村治理数字化平台通过构建乡村数字空间之后，更加容易将乡村基层社会中的主体进行关联，形成乡村治理协同网络。基于这样的理解，在乡村基层社会这样的复杂系统中，每个主体都有双重倾向，既作为一个准自治的整体来保存和维护其个性，又作为一个更大的整体的一部分来发挥作用。例如，每个村户都是一个完整的"整体"，由家庭成员共同组成，对内"修身齐家"；同时，每一个村户也是乡村基层社会的"一部分"，对外参与到乡村治理事务之中。这样的双重倾向更容易使得乡村基层社会中的主体能够充分将自治与协同共治统一起来，乡村治理结构更容易趋近稳态。

乡村基层社会中存在着各种相互冲突与矛盾的制度秩序，这些制度秩序构成并区分乡村不同行为主体的根源，形成了不同的制度逻辑。乡村治理变革表现在不同制度逻辑之间如何形成主导或兼容的关系。[②] 以德清"数字乡村一张图"为代表的乡村治理数字化平台最显著的作用在于通过"触网"或"成像"的方式，将不同时空下的乡村各类主体汇聚到一起，形成了一个突破时空距离、改变治理权威和权力结构、构建集体身份认同的乡村数

---

① 盛昭瀚，于景元. 复杂系统管理：一个具有中国特色的管理学新领域 [J]. 管理世界，2021, 37(6): 36−50.

② Faik I, Barrett M, Oborn E. How information technology matters in societal change: An affordance-based institutional logics perspective[J]. MIS Quarterly, 2020, 44(3): 1359−1390.

字空间,从而改变了个体的行动特征和群体的联结方式,优化社会运作机制。不同制度逻辑下具有不同行动秩序的主体在平台上进行紧密融合、动态交互,物理空间与社会空间中主体之间的各种整体与部分的关系都以可视化的方式在平台得以关联并展现,形成具有弹性与灵活性的乡村治理协同网络。因此,当划定网络中的某一局部作为一个整体进行治理时,将会自然而然地将构成这个整体相关的所有部门、人、资源、要素等全部自动识别出来再进行优化配置、重新组合,以整体、智治的方式解决传统乡村场景下分散化、碎片化的治理问题,从而引发乡村治理变革。

---

① 丁波. 数字治理:数字乡村下村庄治理新模式 [J]. 西北农林科技大学学报 (社会科学版), 2022, 22(2): 9–15.

第3章

"数字乡村一张图"数字化平台建设

第一节 "数字乡村一张图"建设内涵

一、浙江数字乡村建设思路

浙江坚持践行"总书记有号令、党中央有部署,浙江见行动",面向国家所需、浙江所能、群众所盼、未来所向,统筹运用数字化技术、数字化思维、数字化认知,将数字乡村建设紧紧围绕数字化改革与共同富裕示范区重大改革任务进行整体贯通、一体推进。

（一）数字化改革

2003 年,习近平在浙江工作期间作出了建设"数字浙江"的战略部署,强调要把建设"数字浙江"作为一项战略性任务、基础性工作、主导性政策研究好、落实好。同年 7 月,"数字浙江"建设上升为"八八战略"的重要内容。同年 9 月，浙江出台《数字浙江建设规划纲要（2003—2007 年）》，开创了数字化理论创新与实践探索的先河。浙江省坚定不移沿着习近平总书记指引的路子走下去，坚持"数字浙江"一张蓝图绘到底，党的十八大以来先后推出"四张清单一张网"（2014）、"最多跑一次"（2017）、政府数字化转型（2018—2020）等重大改革。经过近几年的改革探索，浙江在制度设计、重点项目、数据平台、数字化应用等方面取得了一批标志性成果，形成了政府数字化转型和数字经济发展的先发优势，为数字化改革奠定了扎实的基础。

2021 年 2 月，浙江省委部署推进数字化改革。数字化改革是"数字浙江"建设的新阶段，是政府数字化转型的全方位拓展和升级，是浙江立足新发展阶段，推动全面深化改革落地的重大战略举措。数字化改革是围绕建设"数字浙江"目标，运用数字化技术、数字化思维、数字化认知，把数字化、一体化、现代化贯穿到党的领导和经济、政治、文化、社会、生态文明建设全过程全方面，以跨层级、跨地域、跨系统、跨部门、跨业务的高效协同为突破，以数字赋能为手段，以数据流整合决策流、执行流、业务流，推动各领域工作体系重构、业务流程再造、体制机制重塑，从整体上推动省域经济社会发展质量变革、效率变革、动力变革，推进省域治理体系和治理能力现代化。[①]经过几次迭代，浙江省提出了数字化改革"1612"总体架构。在具体推进中，省、市、县三级建立"162"体系，涵盖党的领导、政治、经济、社会、文化、法治等省域治理的全过程各方面，并保持相对统一和完整，确保上下一致，互相衔接；同时，以基层智治系统为载体，

---

① 袁家军. 改革突破争先 建设数字浙江 [EB/OL]. 人民日报，(2021-03-17) [2022-10-26]. http://theory.people.com.cn/n1/2021/0317/c40531-32053244.html.

大力推动数字化改革向乡镇以下延伸，全面提升基层治理现代化水平。浙江数字化改革历史沿革如图 3-1 所示。

图3-1　浙江数字化改革历史沿革

浙江省数字化改革"1612"总体架构①

2022 年 2 月 28 日，浙江省委召开全省数字化改革推进大会，会上提出了"1612"总体架构。

第一个"1"即一体化智能化公共数据平台（平台＋大脑）。要在进一步提升平台数据归集能力、数字资源统筹管理能力、基础设施支撑和安全保障能力等基础上，更加突出"大脑"建设，推动公共数据平台向智能化智慧化迈进，进一步提升预测、预警和战略目标管理能力。

"6"即党建统领整体智治、数字政府、数字经济、数字社会、数字文化、数字法治六大系统。从全面深化改革的角度，这 6 大系统对应全面深化改革 7 大领域。

---

① 浙江数字化改革的数字密码："1612"[EB/OL]. 浙江新闻客户端, (2022-02-28) [2022-10-26]. https://zjnews.zjol.com.cn/202202/t20220228_23873078.shtml.

第二个"1"即基层智治系统。这是数字化改革重大应用在基层集成落地，推动改革成果转化为治理效能的重要载体。要深化"县乡一体、条抓快统"改革，迭代升级"141"体系，设置党建统领、经济生态、平安法治、公共服务四条跑道，加快建设基层治理大脑，推动6大系统在基层综合集成、协同赋能，打造高效协同、整体智治的基层治理体系。

"2"即理论体系和制度规范体系。这是数字化改革成果的两种转换方式。数字化改革理论体系要推动数字化改革理论创新，对经济、政治、社会、文化、法治等各领域各方面的体制机制、组织架构、方式流程、手段工具进行系统性重塑，找到业务协同背后的底层逻辑和普遍规律，推动改革实践上升为理论成果，更好指导数字化改革实践进一步拓展提升。

数字化改革的意义不仅仅在具体的应用场景上，更在于推动生产方式、生活方式、治理方式发生基础性、全局性和根本性改变，是技术理性跨越到制度理性，最后实现价值理性的唯物辩证哲学发展观，是重塑物理空间与社会空间的新载体，打开了价值创造新空间。数字化改革把数字化技术、数字化认知、数字化思维、数字化手段运用到推进各领域各方面的改革工作中，实现数据流、业务流、决策流、执行流全面融通，激发数据生产要素对经济社会的放大、叠加、倍增作用，率先构建形成万物互联数字时代的整体智治体系，塑造引领数字文明时代的系统性变革。

（二）共同富裕示范区

党的十九届五中全会对扎实推动共同富裕作出重大战略部署，习近平总书记亲自谋划定题、部署推动，赋予浙江高质量发展建设共同富裕示范区的光荣使命。《中共中央国务院关于支持浙江高质量发展建设共同富裕示范区的意见》（以下简称《意见》）中明确指出发展目标："到2025年，浙江省推动高质量发展建设共同富裕示范区取得明显实质性进展。经济发展质量效益明显提高，人均地区生产总值达到中等发达经济体水平，基本公共服务实现均等化；城乡区域发展差距、城乡居民收入和生活水平差距持续缩小，低收入群体增收能力和社会福利水平明显提升，以中等收入群体为主体的橄榄型社会结构基本形成，全省居民生活品质迈上新台阶；国民素质和社会文明程度达到新高度，美丽浙江建设取得新成效，治理能力明显提升，人民生活更加美好；推动共同富裕的体制机制和政策框架基本建立，形成一批可复制可推广的成功经验。到2035年，浙江省高质量发展取得更大成就，基本实现共同富裕。人均地区生产总值和城乡居民收入争取达到发达经济体水平，城乡区域协调发展程度更高，收入和财富分配格局更加优化，法治浙江、平安浙江建设达到更高水平，治理体系和治理能力现代化水平明显提高，物质文明、政治文明、精神文明、社会文明、生态文明全面提升，共同富裕的制度体系更加完善。"①

　　《意见》的发布赋予了浙江重要示范改革任务，先行先试，为全国推动共同富裕提供省域范例。浙江积极响应中央的部署，制定《浙江高质量发展建设共同富裕示范区实施方案（2021—2025年）》，按照到2025年、2035年"两阶段发展目标"，坚持国家所需、浙江所能、群众所盼、未来所向，脚踏实地、久久为功，创造性系统性落实示范区建设各项目标任务，

---

① 中共中央、国务院. 关于支持浙江高质量发展建设共同富裕示范区的意见 [EB/OL]. 新华社，(2021-06-10) [2022-10-26]. http://www.gov.cn/xinwen/2021/06/10/content_5616833.htm.

率先探索建设共同富裕美好社会，为实现共同富裕提供浙江示范，方案明确要打好构建新发展格局组合拳，推进经济高质量发展先行示范。①

浙江省数字化改革聚焦高质量发展、竞争力提升、现代化先行和共同富裕，以科技创新和数字变革催生新的发展动能，高质量发展建设共同富裕示范区，通过实践进一步丰富共同富裕的思想内涵，率先破解发展不平衡不充分问题，让人民群众真切感受到共同富裕看得见、摸得着、真实可感；以数字化驱动制度重塑，在共同富裕场景下重塑政府、社会、企业和个人的关系，率先形成与数字变革时代相适应的生产方式、生活方式、治理方式；随着实践的深入，进一步深化对数字化改革定义内涵的认识，找到规律和本质，找准重大需求，打造更多最佳实践案例，形成具有普遍意义的成果。

（三）数字乡村建设

浙江数字乡村建设与数字化改革、共同富裕示范区建设息息相关。一方面，数字乡村建设是对数字化改革"1612"体系中基层智治系统的拓展与延伸，将数字化改革重大应用在基层集成落地，推动改革成果转化为治理效能的重要载体，深化"县乡一体、条抓快统"改革，打造高效协同、整体智治的基层治理体系；另一方面，数字乡村建设有助于解决地区差距、城乡差距、收入差距问题，在高质量发展中扎实推动共同富裕，完善收入分配制度，统筹城乡区域发展，发展社会主义先进文化，促进人与自然和谐共生，创新社会治理等方面先行示范，构建推动共同富裕的体制机制，激发人民群众积极性、主动性、创造性，促进社会公平，增进民生福祉，

---

① 浙江省自然资源厅. 浙江高质量发展建设共同富裕示范区实施方案（2021-2025 年）[EB/OL]. (2021-07-19) [2022-10-26]. https://www.zj.gov.cn/art/2021/7/19/art_1552628_59122844.html?ivk_sa=1025883j.

不断增强人民群众的获得感、幸福感和安全感，为实现共同富裕提供浙江示范。

"十四五"时期是浙江数字化改革引领撬动全方位改革的关键期，数字赋能产业高质量发展的全面扩展期，数字乡村建设全面"布局"和重点"破局"的窗口期。各级政府要顺应时代趋势，准确把握数字化改革新机遇新要求，加快数字乡村"新基建"，扩大数字技术推广应用，大力提升数字生产力，抢占数字乡村制高点，推动农业农村现代化先行省建设，让广大农民共享数字红利。

《浙江省数字乡村建设"十四五"规划》提出，到 2025 年，浙江乡村基础网络体系逐步完备，数字"三农"协同应用平台全面建成，乡村数字经济发展壮大，城乡"数字鸿沟"逐步消除，实现"三农"数据"全面共享、互联互通"，业务应用"横向协同、纵向贯通"，为农服务"上下联动、实时高效"，致力打造国家数字乡村建设的展示窗口、乡村数字生活的服务标杆、乡村整体智治的先行样板。[①] 得益于浙江互联网大省和数字经济发展先发地的良好发展环境，浙江数字乡村建设具有独特的优势和良好的基础。

第一，浙江是全国乡村振兴范本。早在 2003 年，时任浙江省委书记的习近平同志亲自推进"千村示范、万村整治"工程（简称"千万工程"）。2005 年 8 月，习近平同志在浙江湖州考察时提出"绿水青山就是金山银山"的科学论断。

第二，浙江乡村信息基础设施良好。浙江省城乡同网同速，建有光缆

―――――――――

① 浙江省农业农村厅. 浙江省数字乡村建设"十四五"规划 [EB/OL]. (2021-06-10) [2022-10-26]. http://nynct.zj.gov.cn/art/2021/6/10/art_1589297_58933731.html.

线路总长度 349.8 万公里，移动电话 4G 基站 36.0 万个，5G 基站超 6 万个，实现行政村 4G 和光纤全覆盖，基本实现重点乡镇 5G 全覆盖，农村 100M 以上接入速率。北斗、遥感等现代信息技术加快与种养殖业融合应用。基于政务云搭建的浙江省数字"三农"协同应用平台初步搭建，汇聚农业农村领域业务数据 8 亿多条，农业农村数据库初具规模。开发推行"浙农码"，初步实现农业农村主体码上服务、码上监管等功能，已在精准扶贫、畜牧养殖、农产品追溯、渔船管理等领域得到应用，累计赋码量达 56.3 万次。

第三，浙江乡村产业数字化程度高。电子商务在浙江乡村发展迅速，数字技术深度融合渗透，不断推进传统产业转型升级，尤其是推动传统制造业向智能制造方向改造提升，推动浙江实体经济进一步振兴。农业农村部 2020 全国县域数字农业农村发展水平评价显示，浙江省农业生产数字化发展水平为 59.5%，高出全国平均水平 35.7 个百分点。德清、平湖等 25 个县（市、区）被纳入省级乡村振兴产业发展示范建设范围，筹措安排 28 亿元，分年落实支持乡村产业数字化发展。

第四，浙江乡村数字化监管服务完善。浙江已初步构建起全省农产品质量安全追溯体系，47 个县（市、区）应用"数字农安"，6.3 万家规模主体纳入管理。"掌上执法"全面应用，执法率达 99.8%。以"浙政钉""浙里办"为载体，将与农民生产生活密切相关的所有事项都搬到网上，135 项涉农公共服务事项实现网上办，省本级线上受理率 100%，平均审批时间缩短至 4.3 个工作日，部分实现秒办，大幅提升农民的获得感。

第五，浙江乡村数字化治理持续深化。建德等 10 个县（市、区）入选首批全国乡村治理体系建设试点县，衢州等 4 个市以及德清等 11 个县（市、区）被确定为省级数字乡村试点示范市县，其中临安区、慈溪市、德清县和平湖市入选首批国家数字乡村试点地区名单。通过整县制试点建设，示范带动浙江省乡村生产生活生态空间数字化、网络化、智能化发展，有效提升乡村治理效能，夯实乡村振兴基础。初步搭建了省级乡村治理数字化系统，大力推进农村"互联网＋监督"，"雪亮工程"行政村覆盖率达98.3%，全省县域党务、政务、财务公开的行政村占比率均超过98.5%。

二、"数字乡村一张图"建设内涵

"数字乡村一张图"作为推动改革成果转化为治理效能的重要载体，是浙江数字化改革"1612"总体架构一体贯通的基层智治系统建设实践，有助于促进技术融合、业务融合、数据融合，提升跨层级、跨地域、跨系统、跨部门、跨业务的协同管理和服务水平，推动"县乡一体、条抓快统"改革迭代升级，推进乡村治理理念、思路、方法、手段的系统性重塑，实现乡村治理体系和治理能力现代化的重要改革。"数字乡村一张图"全面推进乡村治理数字化应用场景，在场景应用中建设好数字化平台、利用好平台数据资源，全方位、制度性、系统性重塑乡村治理，催生乡村发展内生动力，以城乡融合发展推进共同富裕。2019年10月，时任浙江省省长的袁家军同志在调研德清五四村数字乡村建设时充分肯定了这一做法，并取名为乡村治理数字化平台，认为这是闯出了"数字乡村一张图"的发展新路。

"数字乡村一张图"不仅是一张乡村实景地理图，还是实现全景感知与动态管理的治理图，更是推动未来乡村建设和创建全域数字治理的新蓝图。德清发布的《"数字乡村一张图"数字化平台建设规范》文件中指出，"数字乡村一张图"是基于GIS（地理信息系统）和大数据技术，引入数字孪生技术，打造多场景、多业务协同、动态交互的数字乡村全景图。[①]德清围

---

① 详情见附录《"数字乡村一张图"数字化平台建设规范》.

绕农村全域和农业全产业链，实现县域乡村治理数字化平台全覆盖，推动县域农村生产、生态、生活全面转型，探索一条以数字赋能撬动乡村振兴的发展新路子，推动数字赋能乡村产业振兴、美好生活、美丽生态，实现人与乡村自然和谐共生的美丽图景。德清"数字乡村一张图"的建设内涵表现在三个方面，如图 3-2 所示。

图3-2　"数字乡村一张图"的建设内涵

（一）以数据要素为驱动，催生乡村发展新动能

数字技术作为一种颠覆性的技术革命，其着眼于整个系统的赋能而不是孤立的技术应用。如今，以 GIS、物联网、大数据、云计算、人工智能、区块链等为代表的新一代数字技术加速向农业农村渗透，赋予了乡村发展新的动能，成为数字时代乡村发展的加速器和催化器。"数字乡村一张图"引入数字孪生思想，打造多场景、多业务协同、动态交互的数字乡村全景图。通过新一代数字技术搭建的数字化平台基础设施，以数据要素为驱动，实现了对乡村关键要素状态的全面感知；以移动互联网技术进行的数据传输，保障了数据传输过程的实时可靠性；以云计算、大数据技术建立起的数字

化云端，不仅是数据存储中心，也是信息共享中心，更是资源配置中心，共同实现"千人千面"的用户需求场景。

（二）以数字应用为载体，架构乡村发展新空间

数字空间已经成为物理空间与社会空间的连接载体，其本身已经成为社会活动和经济活动的重要组成。"数字乡村一张图"总揽乡村治理全局，全面融入了乡村生产、生态与生活，呈现出共生交互的数字业态。由数字技术架构的"数字空间"实现由信息世界、物理世界和人类社会三者组成的人、机、物社会。这一新空间，突破时间和空间限制，达到数字化感知、平台化融合、智能化配置的状态。随着"数字空间"不断融入"物理空间"与"人类社会"，环境、人类与数据相互影响，形成了以数据要素为核心、高度互联、去中心化的新生产关系。沉浸于数字空间，让人的行为和物的状态都留下数据"足迹"，在新空间上得以追溯，呈现出从宏观到微观乡村各应用场景的数字体征，有效重构经济社会活动各环节，实现资源优化配置。

（三）以数字治理为模式，共创乡村发展新价值

乡村作为社会治理体系中最基本的单元，涉及经济发展和社会和谐方方面面，存在着组织结构碎片化、制度衔接缝隙化、主体认知偏误化、技术应用形式化等问题。治理实践面临着"上下难互通""同级互不认""上面千条线，下面一根针"的窘境。随着乡村治理数字化发展，乡村治理的多元性、动态性、复杂性日益呈现。乡村治理数字化平台使得村民、市场、政府等不同主体打破传统边界，在广泛互联的基础上不断共享创新，促成了主体之间前所未有的连接能力，形成了全新的生产和生活关系。这种关系的改变使得乡村治理数字化平台的价值创造路径发生改变：从政府以服务对象高效便捷获得服务出发，单方面提升行政管理的内部效率，转向关注服务

对象主动参与服务的交付，在社会范围内协同各主体进行价值共创。激发社会多元主体共同参与公共服务的供给，提高了政府服务的灵活性和专业性。

第二节 "数字乡村一张图"建设基础与特色

德清县名取自"人有德行、如水至清"之义，地处浙江北部，区域面积 936 平方公里，户籍人口 44 万人，常住人口 65 万人，下辖 8 个镇、5 个街道。2021 年，全县完成地区生产总值 615.5 亿元，增长 8.7%；财政总收入 134.6 亿元，增长 15.9%，其中一般公共预算收入 83.2 亿元，增长 24.1%；城乡居民人均可支配收入分别为 68619 元和 42548 元，分别增长 10.3% 和 10.9%。综合实力百强县位列第 36 位，科技创新百强县位列第 32 位，绿色发展百强县位列第 30 位。[①]

德清区位优势明显，随着沪苏湖高铁、湖杭高铁、杭德城际铁路加速推进，高铁 13 分钟到杭州东站和西站，45 分钟到上海将实现，2020 年年底通车的"杭州二绕"将县域三分之二划入其中。德清产业基础厚实，地理信息、通航智造、人工智能等战略性新兴产业蓬勃发展，成功举办首届联合国世界地理信息大会，联合国全球地理信息知识与创新中心落户德清，成为全国县域唯一的国家新一代人工智能创新发展试验区。德清城乡协调融合，从 2014 年率先推进浙江省唯一的城乡体制改革试点起步，聚力破除城乡二元结构，33 项城乡差异政策全面并轨。2021 年，城乡收入比降低至 1.61:1，在全国处于领先水平。德清改革创新有力，累计承担浙江省级以上

---

① 德清概况 [EB/OL]. 德清县人民政府，(2022-06-20) [2022-10-26]. http://www.deqing.gov.cn/col/col1229212619/index.html.

改革试点 260 余项，全国首宗集体经营性建设用地入市等改革经验在德清诞生。科技创新走在前列，研发投入强度居全省县（市）第二，"创新指数"居全省县（市）第三。德清县概貌见图 3-3。

图3-3   德清县概貌

一、"数字乡村一张图"建设基础

中共中央办公厅、国务院办公厅出台的《数字乡村发展战略纲要》，以及浙江省农业农村厅和省大数据发展管理局起草的《浙江省数字乡村建设实施方案》，对数字乡村建设做出重大部署。德清紧紧围绕国家战略与浙江定位，推进县域治理体系和治理能力现代化，以"整体智治"理念为引领，立足县域 200 余项省级以上改革试点的集成优势以及地理信息、人工智能等数字产业发展的先行优势，率先开展了全域构建"数字乡村一张图"智治新模式的实践探索。2020 年，德清成为首批"国家数字乡村试点"。2019-2021 年，德清连续三年获评全国县域农业农村信息化发展先进县。2022 年 5 月，北京大学新农村发展研究院发布《县域数字乡村指数报告》，在数字乡村百强县榜单中，德清以 122.1 分的县域数字乡村指数，位列全国第一。2022 年 7 月，全国数字乡村建设现场推进会在德清召开，推广德清经验。2022 年 10 月，德清成功入围国家乡村振兴示范县创建名单。

"数字乡村一张图"建设与全域推广离不开德清得天独厚的改革优势、科技优势和产业优势。其中，"三农"领域改革、省域空间治理数字化平台与地理信息小镇分别在改革制度环境、技术沉淀与整合应用、小镇产业赋能等方面为德清乡村治理数字化发展打下了坚实基础。

（一）"三农"领域改革

自改革开放以来，德清一直积极争当改革排头兵，以"八八战略"之"进一步发挥浙江的城乡协调发展优势，加快推进城乡一体化"和习近平总书记考察浙江时强调的"建立健全城乡融合发展体制机制和政策体系，加快推进农业农村现代化"为指引，不断探索"三农"领域改革，多项工作走在全国前列。

第一，德清改革底蕴起步早。早在1999年10月，德清就开始探索"三农"领域的改革，当时为了解决进城、进厂农民承包田无人耕种的问题，沈家墩村以集体的名义，把土地通过公开招标的方式租赁出去。这种"定权不定田、定量不定位"的土地承包经营权流转形式被称为"股票田"，从此，德清正式开启了"三农"改革之路。后来，德清在浙江省率先开展了户籍制度改革、城乡体制改革、土地制度改革等，为后续探索乡村治理数字化发展铺路搭桥。

第二，德清试点集成覆盖广。德清坚持顶层设计与基层创新相结合，截至2022年10月，已争取到浙江省级以上试点260余项，其中涉"三农"领域的近1/3。国家"多规合一"、国家农村产业融合发展试点示范县、全省农村垃圾减量化资源化处理等82项试点任务覆盖了农村生产、生活、治理全领域，试点的高标准推进为推动乡村经营、乡村服务、乡村监管、乡村治理、基础设施五大领域数字化提供了重要基础。

第三，德清真抓实干成效好。德清改革始终坚持"人民至上、求真务实"，为全省乃至全国源源不断地提供德清经验。土地制度改革创造了入市第一宗、登记第一证、抵押第一单等三个"全国第一"，8条创新举措被新《土地管理法》等法律法规吸纳，并入选"伟大历程辉煌成就——庆祝中华人民共和国成立70周年大型成就展"和"伟大的变革——庆祝改革开放40周年大型展览"。同时，在全国首创了"乡贤参事会""一把扫帚扫到底"等模式，全领域的改革成功全面激发了德清探索"数字乡村一张图"的信心与决心。

（二）空间治理数字化平台

为贯彻落实习近平总书记关于全面深化改革和数字中国建设的重大部

署，以及浙江省委、省政府全面推进数字化改革的决策部署，2021 年 3 月 1 日中共浙江省委全面深化改革委员会发布《关于印发〈浙江省数字化改革总体方案〉的通知》（浙委改发〔2021〕2 号），要求浙江省上下紧扣以数字化改革推动生产方式、生活方式、治理方式基础性、全局性和根本性改变的定位，围绕浙江省数字化改革工作体系，全力推动国土（自然资源）空间基础信息、省域空间治理数字化等两大平台协同迭代，加强数据归集、整合、共享、分析、应用，全面提高省域治理科学化、精准化、协同化水平。[①]

2020 年 4 月，由浙江省发改委、省自然资源厅牵头，会同省大数据局，启动跨部门场景化多业务协同应用的省域空间治理数字化平台建设，并建成"3+X"总体架构（"一库、一图、一箱和 X 场景"），确立了省市县三级"1+11+N"平台体系，制定了"1+8"技术规范（1 个平台建设指南和数据归集、工具集成、图层服务等 8 个配套规范），开发了"智慧选址""万亩千亿"、空间规划协同、建设用地交易、数字乡村应用等 10 个空间治理场景，取得了阶段性成果。

省域空间治理数字化平台是 2020 年浙江省政府数字化转型 11 个跨部门场景化多业务协同应用系统之一，省级平台已基本建成并上线试运行。根据 2021 年 2 月 18 日浙江省数字化改革大会精神，省域空间治理数字化平台已经被确定为全省一体化智能化公共数据平台的五大应用支撑体系之一。

2020 年以来，德清自然资源和规划局以"整体智治"理念为引领，认

① 中共浙江省委全面深化改革委员会. 关于印发《浙江省数字化改革总体方案》的通知 [EB/OL]. (2021-03-01) [2022-10-26]. http://custom.huzhou.gov.cn/DFS//file/2021/05/24/20210524114026549 v7hp6i.pdf

真贯彻落实省委、省政府关于数字化改革的决策部署，重点突出"全域赋能、地信赋能、发展赋能"，积极推进省域空间治理数字化平台德清节点建设，如图3-4所示。德清节点于2020年12月正式投入运行，并入选省"观星台"优秀应用。

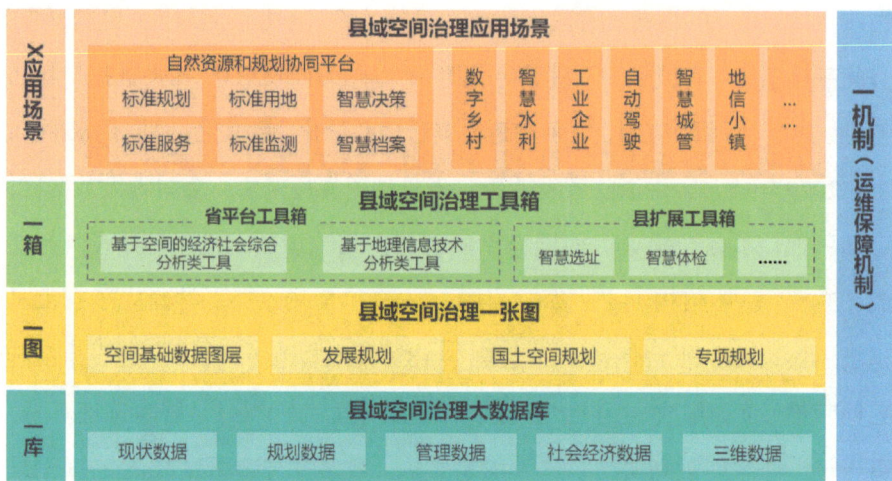

图3-4   德清县域空间治理数字化平台总体架构

在省域空间治理数字化平台框架指导下，建设完善"一库"、绘就"一图"、用好"一箱"、深化"应用场景"的空间治理数字化平台架构，推进乡村数字治理、工业大数据平台、智慧城管和自动驾驶等场景应用，结合德清已有的空间治理信息化基础和实际需求，重点打造"自然资源和规划协同平台"，实现县域国土空间的高效能治理、高水平保护和高质量发展，努力形成生产空间集约高效、生活空间宜居适度、生态空间山清水秀，安全和谐、富有竞争力和可持续发展的国土空间格局。

以 GIS、物联网、大数据、云计算、人工智能、区块链等为代表的新一代数字技术与社会经济各行业领域的深度融合，已成为全球新一轮科技革命和产业变革的核心内容。德清深刻认识和把握新一代数字技术发展演进规律，结合自身自然资源和规划工作实际，加快推进一批成熟可靠的信息技术与规划资源工作发生"化学反应"，实现了数字化从支撑保障到引领驱动的转变。同时，密码技术、可信计算、安全态势感知、主动防御等信息安全技术，也为自然资源和规划信息化的发展筑起了牢固的防护墙。

"数字乡村一张图"的构建充分利用了省域空间治理数字化平台，主要表现为叠加后者中的电子地图、遥感影像、三维实景地图等基础图层以及国土规划、产业分布、医疗健康、遥感监测等多业务跨部门图层，以业务协同为驱动，以"数字乡村"为轴心形成整体联动。

（三）地理信息小镇

德清地理信息小镇位于湖州莫干山国家高新区，总规划面积 3.68 平方公里。小镇以国际一流地理信息产业基地为发展总目标，加快地理信息、大数据和人工智能跨界融合，培育壮大以数字经济为核心的新兴产业，着力打造国际地理信息领域的时空数据中心、产业发展中心、科技创新中心、国际交流中心、培训体验中心。截至 2022 年上半年，德清地理信息小镇已集聚 430 余家地理信息领域相关企业，是全国地信企业集聚度最高的区域，如图 3-5 所示。

图3-5   地理信息小镇

2018年11月19日至23日，德清成功举办首届联合国世界地理信息大会（UNWGIC），并向全球发布《践行联合国2030年可持续发展中国（德清）样本》。近年来，德清聚焦数字化改革，引导企业积极探索数字化转型，推动地理信息产业跨界融合发展，积极鼓励小镇企业在稳固测绘业务的基础上，前瞻布局地理信息数据在数字乡村建设等多领域的融合应用。

"数字乡村一张图"的建设过程离不开地信行业众多企业的技术支撑与应用推广。除了德清城市数据经营有限公司、浙江国遥公司、浙江中海达公司、移通科技公司等主要支撑公司外，还有浙江帝测公司、杭州经纬信息公司、浙江正元地理信息公司、中测新图公司等10余家企业参与了建设工作，其建设基础主要表现为：

第一，技术支撑。德清城市数据经营有限公司进行总集成，并构建"我

德清"服务端，整合为"数字乡村一张图"公众侧；浙江中海达公司主导与上海数空科技公司合作，构建孪生乡村底座全域数字治理开放平台，实现"人、地、物、事"精准可查；德清大数据运营有限公司打造了数字乡村数据仓，开发建设"数字乡村一张图"驾驶舱；浙江国遥公司开发遥感监测应用模块；移通科技公司开发人群分析应用模块。

第二，应用推广。德清大数据运营有限公司将"数字乡村一张图"的运行模式和支撑技术推广到建德市三都镇、嘉善县大云镇、平湖市赵家桥村、乐清市下山头村以及江苏省苏州市长江村等地。浙江中海达的数字孪生解决方案以"一图全面感知"的全新乡村智治模式为核心在四川省成都市郫都区复制推广"数字乡村一张图"。浙江国遥赴青海乌兰县、新疆柯坪县等，开展实地调研、技术研讨及专家论证，量身定制了"智慧乌兰县域数字化治理平台"方案，启动柯坪县部分草场数字放牧试点工作，项目经费以援疆资金为主，牧民承担部分费用。合信地理信息有限公司将"数字乡村一张图"推广到江苏省盱眙县。

第三，制度建设。2019 年，德清印发《德清县构建乡村治理数字化平台助推数字乡村建设实施方案》，依托大数据和地理信息技术，聚焦乡村规划、乡村经营、乡村环境、乡村服务和乡村治理五大版块，建设乡村治理数字化平台。2020 年，印发《德清县数字乡村一张图提档扩面推进方案》，明确德清推广"数字乡村一张图"。发布了全国首个县域标准《"数字乡村一张图"数字化平台建设规范》和《乡村数字化治理指南》，形成了可复制可推广的数字乡村德清经验。2021 年印发《德清县地理信息遥感数据多场景应用管理暂行办法》。遥感监测案例入选 2020 年度联合国践行可持续发展优秀范例，省级《数字乡村建设指南》标准规范正式立项。

二、"数字乡村一张图"建设特色

德清充分依托省域空间治理数字化平台，并借助于地理信息小镇众多企业的技术支持，展开"数字乡村一张图"建设，以此积极探索"一图感知"的新模式，以数字赋能来寻找乡村治理的新路子。"数字乡村一张图"的建设定位包括三个方面。第一，聚焦"三生"：统筹生产、生态、生活三大空间布局；第二，服务"三农"：以农业、农村、农民需求为驱动；第三，提升"三感"：使人民获得感、幸福感、安全感更加充实、更有保障、更可持续。"数字乡村一张图"的建设历程如图3-6所示。

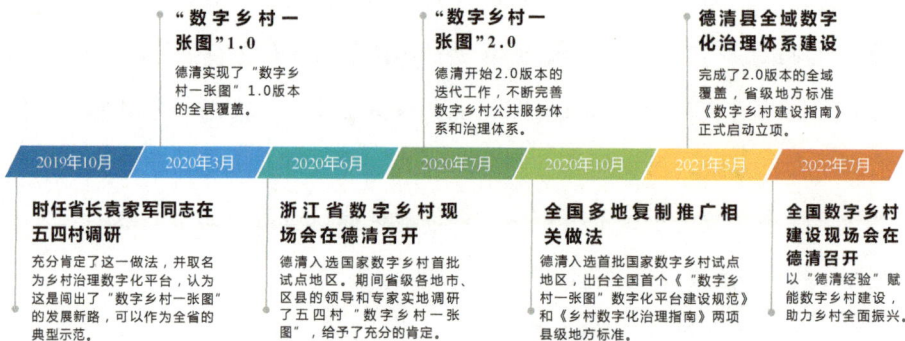

"数字乡村一张图"1.0		**"数字乡村一张图"2.0**		**德清县全域数字化治理体系建设**		
德清实现了"数字乡村一张图"1.0版本的全县覆盖。		德清开始2.0版本的迭代工作，不断完善数字乡村公共服务体系和治理体系。		完成了2.0版本的全域覆盖，省级地方标准《数字乡村建设指南》正式启动立项。		
2019年10月	2020年3月	2020年6月	2020年7月	2020年10月	2021年5月	2022年7月
时任省长袁家军同志在五四村调研		**浙江省数字乡村现场会在德清召开**		**全国多地复制推广相关做法**		**全国数字乡村建设现场会在德清召开**
充分肯定了这一做法，并取名为乡村治理数字化平台，认为这是闯出了"数字乡村一张图"的发展新路，可以作为全省的典型示范。		德清入选国家数字乡村首批试点地区。期间省级各地市、区县的领导和专家实地调研了五四村"数字乡村一张图"，给予了充分的肯定。		德清入选首批国家数字乡村试点地区，出台全国首个《"数字乡村一张图"数字化平台建设规范》和《乡村数字化治理指南》两项县级地方标准。		以"德清经验"赋能数字乡村建设，助力乡村全面振兴。

图3-6　"数字乡村一张图"建设历程

"数字乡村一张图"通过在生产、生态、生活三大场景中不断进行探索实践，面向场景加强"数字乡村一张图"的建设与运行，形成了德清建设特色。

（一）注重顶层设计，强调乡村治理整体化

第一，建立一体化的整体架构。德清以一体化智能化公共数据平台为支撑，聚焦乡村治理中的人、财、地要素，以发现问题智能化、处理过程自动化、事件管理流程化为核心，重点发力治理端和服务端，统筹推动数字农业、乡村环境、公共服务、乡村治理等五大领域数字化，动态掌握乡村生产、生态、生活发展态势，加快提升服务"农业、农村、农民"的现代化治理体系和治理能力。第二，完善整体高效的决策协调机制。德清坚持党政统领，建立试点先行、专班推进、机制配套的体系。通过"解剖麻雀"、总结提炼，从试点逐步向所有村推广复制。根据应用场景，组建专班对核心业务进行拆解、高效推进。第三，建立健全整体联动的协同共治机制。德清通过乡村治理场景开放、畅通信息反馈渠道，鼓励引导村民、社会组织、市场主体广泛参与、返乡创业，创新在线乡贤议事厅、幸福云、信用账本等应用，推动实现多元协同共治。

（二）夯实数字底座，促进乡村治理智能化

第一，加大新基建投入。德清将通信基站、管道、杆线、机房等建设全面纳入乡村建设规划，加快推进 5G 网络建设应用部署，大力推进北斗卫星导航系统和遥感技术在农业农村应用。发挥地理信息产业优势，以空间治理数字化平台为核心，以电子地图、遥感影像、三维实景地图等多类型、多尺度、多时态的空间数据为基底，叠加各部门 18 个图层，为数字乡村提供统一的数字化全景图，直观呈现自然风貌和村庄变迁，实现基础设施的可视化管理、人与人交互信息的有效留存和可再现，以数字孪生治理实体乡村。第二，聚焦数据归集共享。德清通过政务数据接入、现场数据采集和物联感知设备推送等渠道，归集 58 个部门涵盖水、空气、垃圾、出行等 282 类数据，实时共享时空信息、基层治理四平台、污水处理等 15 个系统数据，加快夯实一体化智能化公共数据平台，构建数字乡村专题库。强化乡村政务网络安全保障，对接浙政钉用户体系，对敏感数据脱敏处理，确保"数字乡村一张图"安全、稳定运行。第三，重视数据驱动决策。德清聚焦历史数据量化呈现，实时数据异动管理，未来趋势分析研判，通过提升智能搜索、异动管理、数据分析等功能，逐步实现"人、事、地、物"精准可查、分析报告自动生成、异动管理一键可知，以数字化提升乡村治理能力。

（三）响应群众需求，重视乡村治理场景化

科学把握数字化改革推动乡村振兴的全景和远景，着力营造乡村数字化变革的关键场景，是乡村数字化振兴的核心任务。德清着眼"大场景、小切口"，重点从打通壁垒、整合资源、联动管理等思路入手，全面梳理"三农"工作核心业务，以小见大，形成"全方位"的多跨协同场景。第一，梳理高频需求。德清根据各村以及镇（街道）、职能部门服务管理实际需求，在"数字乡村一张图"逐步上线规划布局、民宿管理、水域监测、智慧气象等120余项功能，按照决策科学、治理精准、服务高效三大类，梳理出遥感监测、村情民意、垃圾分类、健康码等22项高频事项。第二，满足特殊需求。德清通过"浙里好玩"等服务端提供更多智慧旅游体验服务，对乡村游客来源地趋势、驻留时长等进行分析，实现人流过密预警、跨部门应急处突联动。第三，保障基本需求。德清聚焦村民就业、就学、就医、居住、养老、救助等衣食住行"一件事"，依托政务服务网、"浙里办"实现多跨"一站式"服务，不断丰富以人为核心的生活服务场景，让村情民意在线直达，推进"县乡一体、条抓块统"改革，升级"基层治理四平台"，迅速回应村情民意。

（四）协同乡村主体，推动乡村治理多元化

第一，构建闭环式民生治理链条。德清加快实现地名地址库和关联库动态更新、遥感监测多场景业务协同治理、基层治理网格化服务管理等全流程闭环管理。第二，拓宽多元主体参与渠道。德清积极探索构建党政部门、市场主体、社会公众之间有效互动、良性反馈、协同高效的运转机制，包括"农业龙头企业＋高校＋专家＋村集体""数字农合联"等乡村经营模式，让企业进入数字农业与数字乡村领域，建立数字乡村场景解决方案供应库。此外，拓展社会公众建言献策渠道，把社会期盼和群众智慧体现在数字化改革场景中。第三，实施常态化的数字素养提升工程。德清组织开展专题培训，加强广大干部群众对未来乡村的感知和共识，提高其数字素养，减少"数字乡村一张图"落地实施过程中的阻碍。

第三节　"数字乡村一张图"数字化平台建设体系

德清立足产业数字化、管理高效化、服务在线化、应用便捷化，构建"数字乡村一张图"数字化平台建设体系，如图 3-7 所示，具体包含了"四横四纵"八大体系和"两个掌上"（前端）。"四横"分别对应基础设施体系、数据资源体系、应用支撑体系和业务应用体系；"四纵"分别对应组织保障体系、标准规范体系、政策制度体系和安全保障体系；"两个掌上"分别是"浙政钉""浙里办"。"四横"对数字化平台的业务属性进行了设计，"四纵"对具体的业务运行环境进行了规范，"两个掌上"则是面向社会的直接展现与数字化入口。

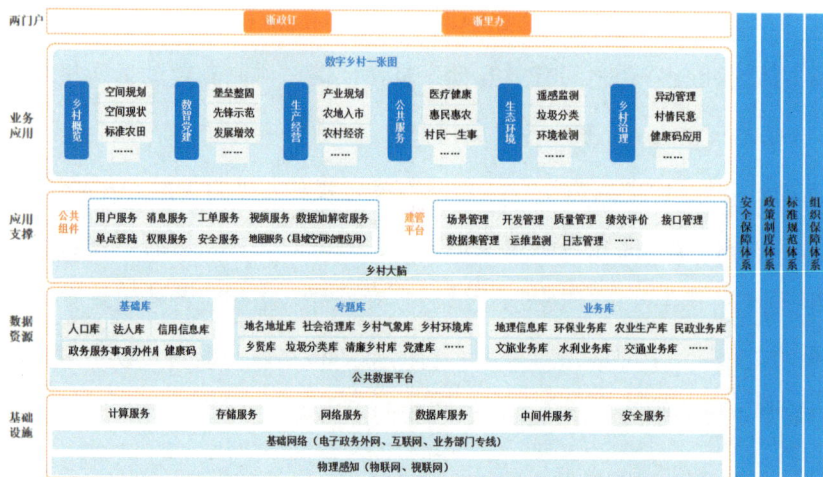

图3-7　"数字乡村一张图"数字化平台建设体系

1.两个"掌上"（前端）。支撑各类应用在"浙里办""浙政钉"高效开发、集成、部署与管理，实现数字化改革应用一端集成、同源发布。"浙里办"是数字化改革面向群众企业的总入口，支撑德清政务服务"一网通办"，集成汇聚德清政务服务、城市生活、社区治理等领域场景化应用。"浙政钉"是数字化改革面向机关工作人员的总入口，支撑跨部门、跨层级的信息互通、业务联动与协作，集成汇聚德清决策、执行、监督、评价等数字化功能。

2.基础设施体系。依托物理感知、基础网络与一体化智能化公共数据平台，为乡村治理提供统一高效的计算服务、数据存储服务、信息处理服务等，完善基于省统筹建设的电子政务网络、视联网，加强网络安全及运维保障，为德清数字化改革业务提供基础设施支撑。

3.数据资源体系。重点集成了基础库、专题库与业务库的相关数据，建设完善德清共建共享的一体化数据资源体系，构建公共数据基础域、共享域，为德清数字化改革提供重要数据支撑。基础域包括公共数据资源目录系统、数据归集系统、数据治理系统等；共享域包括数据共享系统、数据挖掘工具、算法模型、应用专题库、行业主题库和镇街数据仓等。

4. 应用支撑体系。打造数据协同与业务协同的"工具箱"，统筹规划共建共享的一体化应用支撑体系，充分利用省、市公共组件，充分挖掘德清优秀应用组件，重点构建地理信息领域的应用组件池，为各单位开发业务应用提供公共支撑。

5. 业务应用体系。根据省、市部署，形成党政机关整体智治、数字政府、数字经济、数字社会、数字法治五大综合应用，建立各层级各领域应用项目统筹协调机制和党政数字化项目绩效评估体系，落实完善跨领域、跨业务、跨层级的一体化应用汇聚管理与协同支撑系统应用，提升部门核心业务数字化应用，促进体验优化、性能提升、效能提档。

6. 组织保障体系。强化组织保障，建立数据专员机制，推动各单位设立专人组织协调本单位数字化系统统筹、数据资产管理、数据安全建设与管理、数据归集、共享与开发利用等方面的工作。建立一体化智能化公共数据平台规划、建设、运维和运营领导责任制，推行"项目化实施 + 专班化推进"方式，完善跨部门、跨领域、跨层级高效协同机制，健全数字化改革平台支撑的工作体系，提升改革主体的数字化能力。

7. 标准规范体系。结合实际，积极贯彻落实省、市制定的数字化改革平台支撑标准、数据共享标准、业务管理标准、技术应用标准、政务服务标准、安全运维标准、系统应用集成标准等。在现有标准框架下，构建富有德清特色的数字化专项标准，并推动标准有效实施。

8. 政策制度体系。认真落实数字化改革相关法律法规和制度。协助省、市在业务流程再造、数据共享开放等方面制订配套制度，修订或废除与数字化改革要求不匹配的行政规范文件。

9. 安全保障体系。统筹发展与安全，树立网络安全底线思维，严格落实等级分级保护要求，加快建立关键信息基础设施安全保护体系、公共数据和个人信息安全保护体系，构建覆盖物理设施、网络、平台、应用、数据的网络安全技术防护体系，提升网络安全主动防御能力、监测预警能力、应急处置能力、协同治理能力，打造数字化改革网络安全屏障。

德清构建了"数字乡村一张图"数字化平台，整合了包含"浙里办""我德清"等在内的数字生活服务平台，包括"浙政钉"小程序在内的治理决策中枢，以及其他各类业务中台、应用中台、数据中台，并在浙江省数字化改革的背景下，通过构建技术架构、加强组织制度保障、丰富应用场景，形成了具有德清特色的数字乡村治理数字化平台建设体系。

第四节　"数字乡村一张图"建设内容

乡村治理是社会治理的基础和关键，其作为社会治理体系中最基本的单元，一直以来面临着碎片化、复杂化、悬浮化的治理难题。乡村社会中各类活动发生的不确定性、情况的多样性与内在关联性，使得乡村社会成为开放的复杂巨系统，经济发展、社会发展与政府服务之间的边界渐渐被打破。传统的治理模式无法应对越来越复杂的治理场景，存在着"上下难互通""同级互不认"的部门间关系"碎片"，"看得见管不着"的处置权"悬浮"问题，以及"上面千条线，下面一根针"的治理窘境。随着数字化进程的发展，乡村治理格局的多元化以及多元主体间关系的复杂程度进一步加深，治理的复杂性也进一步加剧。

为破解基层治理难题，摒弃传统的单一政策调整的治理方式，以系统思维提供有效解释和应对方案进行数字化赋能，缓解治理上的技术与机制等方面的难点、痛点、堵点问题。面向动态复杂的乡村治理场景，"数字乡村一张图"建设是一项复杂的系统工程，需要参与主体运用系统思维，把各方面工作联系起来分析、统筹起来谋划，将现实社会中发生的各种复杂活动映射到数字空间中，让数字空间成为重塑现实社会的新载体，促进多跨协同，实现组织重构。

一、"数字乡村一张图"迭代过程

"数字乡村一张图"具备持续迭代的能力，先后经历了全面迭代升级，每次迭代升级都涉及了重点工作任务与具体目标，将平台的试点与推广、深化与推进工作融入平台迭代中，形成新的运行版本。

（一）"数字乡村一张图"1.0 版本

"数字乡村一张图"1.0 版本强调试点与推广，涉及的内容可以总结为以下三个方面。

第一，试点先行夯实基础。"数字乡村一张图"1.0 版本以五四村为试点，叠加了电子地图、遥感影像图、三维实景地图等，打造了一个线上的乡村镜像图。融合各类物联网感知数据，汇集了公安、自然资源、民政、人社、卫健、遥感、移动信令等专题数据。开发了一套数据管理工具，包括数据清洗、数据比对、数据转换、数据接收、数据抽取、元数据管理、数据血缘、数据地图等。建立了数据基础库和数据专题库，基础库包括人口信息库和政务办件库等，专题库包括乡村规划、乡村经营、乡村服务、乡村治理、乡村环境等专题库。基于各类数据库，研发空间规划、遥感监测、土地入市、水利防汛、村民一生事、慢病管理、健康码管理、人群分析等重点应用，在乡村土地规划、项目招引、农村集体经济、环境监测、村民服务、疫情防控等方面发挥了重大作用。

第二，制度保障全域覆盖。"数字乡村一张图"成功在五四村试点后，为更好地推广该模式，加快推动数字乡村建设，德清县人民政府印发了《德清县构建乡村治理数字化平台助推数字乡村建设实施方案》，构建数字乡村业务应用、应用支撑、数据资源和基础设施"四大"体系。面向乡村基层组织、政府部门、市场主体和城乡居民等服务对象，建立业务协同模型，构建覆盖乡村规划、乡村经营、乡村环境、乡村服务、乡村治理五大领域的"数字乡村一张图"以及数字生活服务平台和治理决策中枢。运用图像识别、北斗定位、遥感影像、三维实景地图等技术，搭建农业农村通用组件，构建应用支撑体系。建设完善乡村数据资源目录，通过深入分析挖掘、有序共享开放，建立乡村大数据资源体系。推进物联网、农业环境感知、数据传输、数据处理、终端应用等基础设施体系建设。与此同时，为了更好地推广德清经验，发布全国首个数字乡村县级标准规范《"数字乡村一张图"数字化平台建设规范》和《乡村数字化治理指南》，为"数字乡村一张图"建设提供标准。

第三，因地制宜有效落地。"数字乡村一张图"1.0版本考虑到成本问题，大多数村采用二维影像地图，仅五四村、三林村、宋市村等采用了三维地图。根据每个村的特点和需求，德清的乡村治理数字化平台为每个村个性化定制特色应用，如宋市村的幸福账本，记录每个农户参与乡村治理、垃圾分类、美丽庭院等情况，提升社会参与感；城山村的智慧手环，通过佩戴环卫手环，监测环卫人员路径、心跳、心率等信息，对寒暑天气人员健康监测、绩效考核考评提供依据，提升工作效能；三林村打通智慧渔业物联网系统，通过 24 小时全过程监管鱼塘溶解氧等参数，可了解增氧、投料等情况，有效控制养殖风险、水产病害频发等问题。

（二）"数字乡村一张图"2.0 版本

"数字乡村一张图" 2.0 版本强调深化与推进，涉及的内容可以总结为以下三个方面。

第一，加快完善制度保障。印发《德清县数字乡村一张图提档扩面推进方案》，构建"一三五"框架体系，推动乡村经营、乡村服务、乡村监管、乡村治理、基础设施五大领域数字化的乡村数字治理构想。制定《德清县公共数据管理办法（修订）》和《德清县公共视频资源管理办法》，以需求为导向，梳理乡村治理业务及流程，制定数据归集目录，有效归集空间规划、地理信息、自然环境等 282 类基础数据，构建数字乡村、地名地址等专题数据库。为了推动各场景有效落地，结合《数字乡村建设重点场景》，推进"浙里智惠·基本公共服务"、健康大脑、宅基地管理综合应用等场景落地到重点乡村。印发《德清县地理信息遥感数据多场景应用管理暂行办法》，统一遥感数据服务，节省成本和资源，推动遥感多场景应用落地。

第二，持续迭代系统功能。依托省域空间治理数字化平台，全面汇集全域时空基础数据和图层，构建了城乡全域覆盖的三维立体空间，精准呈现山水林田湖，推动形成涵盖从平面到立体、地上到地下、室外到室内、静态到动态的数字孪生空间。充分运用标准地名地址库的建设成果，通过标准地址，将空间和人口、项目、民情、物联感知等信息关联，做到智能搜索、精准定位，实现对人、地、事、物的全方位管理。点击"人"，可以查询人员信息、政务审批信息以及惠民惠农信息等，并且对人员信息进行了分类。点击"地",将国土空间规划融入数字乡村中,让乡村当家人能够掌握哪里能种粮、哪里能种树、哪里能建房。点击"事",可以查询村情民意这一重要信息。在德清的数字乡村,将村民反映的村情民意与空间位置进行精准匹配,并结合业务协同管理,在解决矛盾纠纷、维护市容环境、维持安全生产等方面实现精准处置,在图上,可以看到办理前办理后的结果。再点击"物",将散落在乡村中的各种物联网设备整合,在图上落点到位,点击视频,即可展示当前的视频信息,用于平安乡村建设。

第三,全面深化改革要求。根据浙江省数字化改革"1612"框架体系要求和数字社会"未来乡村"相关要求,进一步完善"数字乡村一张图"框架体系,以一体化智能化公共数据平台为基础,实现数字乡村的数据、组件、云资源的一体化管理,数据安全的一体化防护。具体包括:①基础设施体系:融合各类物联网传感设备、视频监控、视联网等基础设施,充分利用一体化平台的计算服务、存储服务、网络服务、数据库服务能力,支撑好应用开发。②数据支撑体系:完善基础库和专题库,基础库增加信用信息库、健康码库等,专题库增加标准地名地址库、乡村气象库、乡村环境库、乡贤库、党建库等。新增业务库,包括地理信息库、环保业务库、农业生产库、民政业务库、文旅业务库、水利业务库、交通业务库等,促进乡村数据归集,为决策辅助增加可靠性。③应用支撑体系:使用统一用户身份认证、消息服务、数据加解密、单点登录、地图服务等组件;搭好建管平台,包括开发管理、接口管理、数据集管理、运维监测、日志管理等。④业务应用体系:共建成六大板块,包括乡村概览、数智党建、生产经营、公共服务、生态环境、乡村治理。打造了一批重点应用场景,如建立帮办制,推动"最多跑一次"向基层延伸,帮助村干部更好地服务村民;如医疗健康版块，与标准地名地址结合，可以掌握全村的慢病情况，如慢病病人用药到期则发生预警提醒其买药；如遥感监测模块，结合工单流转，将遥感数据自动比对得到的违章建筑、环境问题、五水共治等发现的问题通过工单流转至村干部手中，村干部将经过整治完成的照片上传至平台，形成发现—整治—巩固—办结的闭环；如疫情防控场景，结合人群分析、健康码、疫苗接种数据，一图掌握全村的健康状况和人员流动情况，守好乡村的小门，助力精密智控。⑤两端入口："浙里办""浙政钉"，打造更加丰富的数字生活应用，为村民提供便捷的服务；为干部提供更加智能高效的工具，如政府部门和村干部可以通过决策中枢实时了解村里发生的异动情况等，提高治理效能。

二、"数字乡村一张图"功能模块

"数字乡村一张图"面向动态复杂的乡村治理场景，是对乡村治理复杂活动的数字化映射，涵盖了乡村治理的各领域各方面。"数字乡村一张图"是德清县域数字化发展的特色工作，是以乡村治理需求驱动为主、数字化技术发展和支撑为辅，不断推动生产生活与治理方式发生基础性、全局性、根本性的改变。"数字乡村一张图"全面融合数字农业相关内容，聚焦"三生"、服务"三农"，提升"三感"，开发智能搜索、异动管理、工单流转、数据分析等功能，实现"人、事、地、物"精准可查、分析报告自动生成、异动管理一键可知，是实现乡村治理数字化创新与智能化应用的基础。"数字乡村一张图"分为县、村两级，为不同治理者提供辅助决策，具体包括六大模块：乡村概览、数智党建、生产经营、公共服务、生态环境、乡村治理，各模块内部具有高度的紧密程度，各模块之间保证完整独立，如图 3-8 所示。

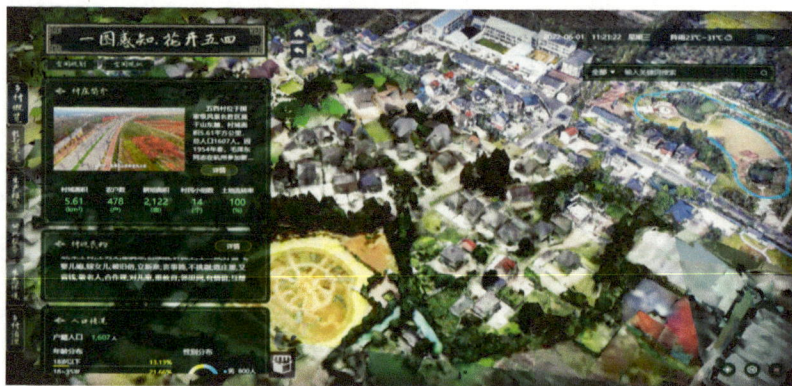

图3-8　村级层面"数字乡村一张图"首页界面

1. 乡村概览。呈现乡村全貌和关键指标，包含村域面积、农户数、耕地面积、村民小组数、土地流转率等数据；人口情况的子模块包含本村的人口总数、年龄分布、性别分布等基础情况。还包括空间规划、空间现状等，用三维实景地图，把涉及的空间数据叠加在图层上，全村山水林田湖一目了然，无论是产业项目落地、土地整治还是村民建房管理，都变得更加直观精准。

2. 数智党建。加快推进组织工作数字化集成变革，大力构建党建统领、整体智治、唯实惟先数字乡村发展新格局，包括堡垒整固、先锋示范、发展增效、民主治理、群雁领航五大模块。从加强乡村自治的角度出发，坚持党员干部群众"应知应会应用"原则，将内容嵌入阵地建设、党员管理、集体经济、村庄治理、干部队伍等各个模块之中，加强村民与村党组织、村干部、党员和小组长等群体之间的双向交互，做到阵地好不好群众提、党员素质作用好不好群众议、村级实力强不强群众评、村庄环境美不美群众拍、村干部行不行群众选，从而实现履职表现的客观评价。

3. 生产经营。包括农村集体经济总收入、土地流转情况、农业企业、旅游景点、经营主体的分布及基本情况等，直观地了解各村集体经济收入的组成，村民收入来源以及带动本村劳动力就业等情况，为精准服务村民增收致富提供了一手资料。

4. 公共服务。推动最多跑一次向村级延伸，在一张图上直观了解村民办事服务的需求，为村民提供更好、更精准的政务服务。精准扶贫，帮助村干部了解残疾户、低保户等低收入农户的基础信息、补贴发放情况、低收入农户结对帮扶走访情况等。医疗健康，呈现了村民医疗健康相关情况，包括家庭医生签约、医疗服务、免费用药、慢性病管理等。养老服务呈现了高龄老人、残疾老人、空巢老人、困难老人、孤寡老人等五类老年群体情况。惠民惠农版块呈现各类补助项目情况和补贴发放情况等信息，有助于村干部一图掌握各类补助的发放情况。

5. 生态环境。包含了对农村生态环境的监测和保护。遥感监测，利用无人机遥感技术实现对人居环境、三改一拆、五水共治、自然资源等变化的监测，经过自动分析比对发现问题后，派发问题整改工单。基层干部收到工单进行实地确认后进行整改并在手机端反馈，待审核通过后，流程完结。地图上呈现问题工单的位置、照片、处理情况等信息。环境监测、垃圾分类等功能对农村的环境进行实时掌握，保障农村生态环境维持良好状态。

6. 乡村治理。乡贤、文明家庭户示范下，引导村民积极参与村务管理，各类村情民意提交基层治理四平台分类处置、全流程实时呈现,真正实现"小事不出村、人人都是网格员"。通过人群分析可以实时分析人员流动情况、驻留时长等。疫情防控期间，德清创新实施"数字乡村一张图＋健康码＋疫苗接种"图数结合的网格化精密智控模式，红黄绿无码人员、疫苗接种情况一目了然，结合电子围栏、视频监测，切实守好农村"小门"。

通过对系统迭代更新，"数字乡村一张图"还增加了智能搜索、异动管理、工单流转、数据分析等四大新功能：

7. 智能搜索。将人员信息、事件信息、土地信息等与地名地址库挂钩，实现动态更新，精准可查。比如，可根据"党员""低保户""居住建筑""综合执法类事件"等关键字进行搜索，点击搜索结果可定位到具体位置，实现基层精细化治理，同时为村干部全面掌握村内情况、减少跑腿次数提供了辅助工具。

8. 异动管理。对疫情防控、基层治理、农场渔场安全等场景的异常情况进行预警。比如，村内出现红黄码、网格员上报的事件3天内未处理、视频掉线、气象灾害等，都会第一时间在预警框中进行提示，点击该事件或设备可定位到具体位置，方便村干部及时处理。

9. 工单流转。三改一拆、地表土地变化、水质监测、农户信息的更新维护、表格上报等都可通过工单进行流转处置，形成"问题发现—派单—认领—处置—反馈—评价"的闭环处理机制，保障各项工作有效落地，乡村数字治理鲜活有序，避免了任务下派之后石沉大海的境况。

10. 数据分析。应用大数据、人工智能技术，利用数字乡村建设积累的数据资源进行数据分析，为乡村治理、乡村经营等提供辅助决策。比如，对历年的气象数据进行分析，为农业生产提供有效指导；对乡村治理中网格员或村民上报的各类事件进行分析，及时发现治理过程中的堵点、痛点及老百姓的关注点，更好地消化基层矛盾，提供优质的公共服务。

第五节 "数字乡村一张图"建设经验

乡村治理是社会治理的基础和关键，是社会治理体系中最基本的单元。"数字乡村一张图"是对浙江数字化改革"1612"体系总体架构进行落地的典型实践，是推动改革成果转化为治理效能的重要载体。

在建设思路上，"数字乡村一张图"紧扣"整体智治"，聚焦"三生"、服务"三农"、提升"三感"。德清以五四村为样本，聚焦乡村治理中的关键要素，构建"数字乡村一张图"为核心的乡村治理数字化平台，动态掌握乡村生产、生态、生活发展态势，加快提升服务"农业、农村、农民"现代化治理体系和治理能力，使人民获得感、幸福感、安全感更加充实、更有保障、更可持续。以"智治促自治"，呈现未来乡村发展新愿景。

在技术支撑上，"数字乡村一张图"充分利用省域空间治理数字化平台，实现数据共享交互。德清的"数字乡村一张图"基于空间治理"一图一库一箱 +X 应用"架构体系，实现二维、三维地图服务统一发布；人口、不动产等基础数据同源管理；工单、交互功能等公共组件统建共用，并实现前端村民和后端基层干部之间的交互；基层干部通过网格化巡查发现的事件和村民的诉求，则通过工单管理工具得以落实，从而构建上下协同、多方参与可持续的数据更新维护机制。

在部署推广上，德清坚持党政统领，建立试点先行、专班推进、机制配套的体系。为破解"数字乡村一张图"全域覆盖应用面临的制度和技术双层阻碍，德清建立了党政统领的"三抓"联动机制，即县委、县政府主要领导亲自抓，农业农村局和大数据局联合抓，县镇村三级联动抓。以五四村试点先行，通过"解剖麻雀"、总结提炼，短短 4 个月实现了从 1

个试点到 135 个村的复制，如图 3-9 所示。

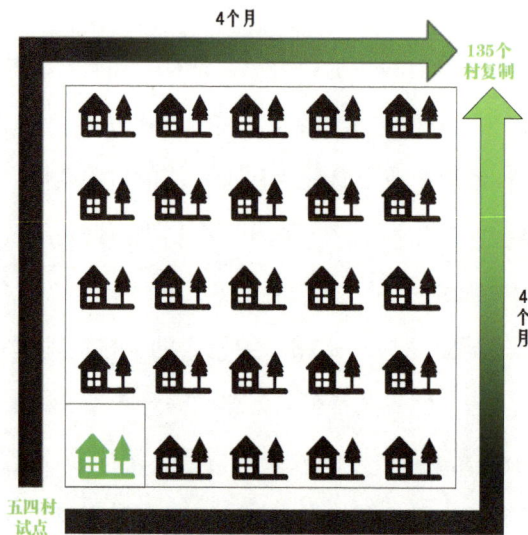

图3-9　"数字乡村一张图"推广

在"数字乡村一张图"1.0 版本推广和 2.0 版本升级中，德清组建了标准地名地址库建设专班高效推进，依托众多地理信息企业，德清一盘棋部署，仅 2 个月时间就完成了全县 10 万户农户农房地址及户口信息数据库建设。通过闭环管理配套，为推进"数字乡村一张图"从能"看"到"实用"，建立了各种全流程闭环管理配套机制，确保技术应用落地。基层遥感监测，再造了垃圾巡查、河道清理等 9 大应用场景流程图，让发现、分发、处置、评价流程变得更为精准有效。

德清"数字乡村一张图"着力于党建引领、需求驱动、科技赋能、产业培育、共治共富等五个方面，充分发挥县委、县政府引领作用，以现实需求为驱动，以乡村为服务主体，促进"三生融合"发展，统筹生产、生态、生活三大空间布局，运用数字技术进行科技赋能，引导和服务"千人千面"的用户需求场景，推进乡村治理数字化应用，构建现代乡村治理体系，擘画体现社会价值、生态价值、文化价值的未来乡村发展新愿景，促进全体人民共同富裕，如图 3–10 所示。

图3-10 "数字乡村一张图"建设经验

一、党建引领

德清县委、县政府认真贯彻中央和省市各项决策部署，深入实施乡村振兴战略，坚持"整体智治"理念，强化顶层设计，以新兴数字技术和手段，高标准推进"数字乡村一张图"建设，充分利用"城市大脑"数据支撑，打造乡村治理统一的数据底座，形成"一图一端一中心"应用支撑体系。

在德清，"数字乡村一张图"建设工作明确由县委书记总抓，分管县领导具体抓，县大数据局和农业农村局双牵头，相关职能部门、镇（街道）主要领导作为第一责任人具体落实，满足经济社会发展不同阶段下的不同层次需求，涉及生产、生态和生活多领域、多方面问题。同时，在建设过程中坚持以问题为导向，从问题中找办法，建立"专班＋专员"和周例会机制，分管县领导每周对乡村数字治理分解的 20 个子任务，以问题为导向专题研究，倒排时间节点、任务进度，迅速迭代、统筹推进，确保治理有效。与此同时，强化组织领导和综合协调，落实"技术专班＋业务专员"集中办公机制。抽调大数据、农业、公安等部门人员及开发公司技术人员集中办公，强化"正向激励、倒逼约束"。此外，明确工作职责，健全相应工作机制，推进城乡联动、部门协同。德清成立乡村治理数字化平台建设领导小组，办公室设在县大数据局，统筹推进日常工作，各部门、镇（街道）落实专人负责项目需求迭代和数据规范报送。此外，加强统计监测、绩效评估和监督考核，开展相关任务落实督促检查和第三方评估。

二、需求驱动

"数字乡村一张图"建设以数字化改革为引领，深入推进数字政府、数字经济、数字社会等建设，满足经济社会发展不同阶段下的不同层次需求，将数字技术应用到村庄发展需要、生活需求上，不断丰富产品、创新业务、强化功能，有效解决农村业态能级不高、环境易整难治、公共服务滞后等问题，搭建起随时可接入、简单易使用、便捷更高效的数字场景应用格局。德清基于乡村自身特色结合当地传统文化、生活习惯、民风民俗、产业形态等特征，打造多活力、多形态、多特色的个性化"数字乡村"，呈现出数字世界的"温度"与人文情怀。充分围绕"三农"发展迫切需求，使"数字乡村一张图"不只是多方政务数据的呈现载体，更涉及数字环境、数字生态、数字产业、数字文旅、数字居民等多场景业务协同的应用场景。通过应用场景创新促使系统平台迭代升级，推进"数字乡村一张图"从"可视"到"可用""可享"迭代，以满足乡村治理、生产力提升、村民日益增长的美好生活需要。

德清县委、县政府充分利用德清在地理信息、人工智能技术产业上的优势，以新兴数字技术和手段，充分发挥德清"城市大脑"的作用，全力做好农业农村领域的数据归集和共享，加强与上下左右各级部门和企业的数据对接，实现数据互联互通。在建设过程中涉及生产、生态和生活多领域多方面问题，德清坚持以问题为导向，从问题中找办法，精准施策，靶向破难，确保治理有效；以服务为切入口，不断丰富产品、强化功能，搭建有用、可用、好用的应用场景，提升用户黏性。县大数据局多次开展需求调查，并以五四村为样本，聚焦乡村治理中的人、财、地要素，统一地理信息数据采集，以发现问题智能化、处理过程自动化、事件管理流程化为核心，动态掌握乡村生产、生态、生活发展态势，联合各方市场主体统筹设计系统平台。

三、科技赋能

德清县委、县政府通过构建数字乡村治理"一三五"框架体系，即"一个数据底座""一图一端一中心"和五大领域数字化，利用科技赋能开展基层创新实践，闯出"数字乡村一张图"发展新路子。首先，德清基于分布式虚拟化的交互、智能、弹性"云—网—端"架构，实现横向业务部门的数据共享与业务协同，确保"县—镇—村"垂直管理体系的完整性与扩张性；其次，打通细颗粒度的差异化需求信息传递端口，基于物联网设备终端的智能手机、系统网站、服务程序等多源数据的互通，提高平台技术可供性，使自下而上的个体需求表达高效传导；最后，利用云计算、大数据、人工智能等技术支撑使政务数据与需求数据转变成更具高价值密度信息，增强应用场景服务响应高效性，提升整体决策行为科学性。数字赋能乡村治理不仅是技术变革，更是流程再造和新业态、新模式、新机制的催生和重构。德清基于空间信息的遥感测绘、卫星定位、视频监控、感知设备等物联网平台的数据共享，通过政务数据接入、布置物联感知设备推送、现场数据采集等多种渠道构建数据底座，打造一张动态交互的数字乡村全景图，实现乡村生态面貌、村民基本生活、农业基本生产多方数据实时动态呈现。通过分析各村规划、经营、环境、服务、治理五大板块的运行情况，为乡村治理数字化提供辅助决策。数字化的多规合一平台促进农村生产力布局更优化；物联网的部署在节约人力成本的基础上，做到第一时间感知环境态势，实时预警；地信遥感监测的运用能更快速客观有效地洞察治水拆违、人居环境等变化，重构治理流程，大大提升农民数字化素养，集成碎片化改革试点，推动城乡融合发展。

四、产业培育

随着基础地理信息应用的不断深入，在"数字乡村一张图"建设成果的基础上，德清结合遥感测绘、卫星定位、物联网、大数据等新兴技术的应用，构建纵贯网络层、平台层、应用层的数字化承载框架，带动关联服务产业的发展，培育孵化有潜力的物联网应用，集聚地理信息上中下游企业，促进和壮大地理信息产业发展。德清先是成功争创国家新一代人工智能创新示范区，进一步又积极争取到"全域数字治理试验区"建设试点。德清借助"数字乡村一张图"建设形成的地理信息服务和地理信息技术发展推动卫星导航、位置服务、网上地图服务等，拓展地理信息在电子政务、电子商务、智能交通、现代物流等领域的应用，用数字化来推进产业融合、实现产村一体、推动产销对接，切实推动产业发展效益的最大化。

德清立足当地特色资源，通过数据采集、开发、共享等手段，加速数字赋能乡村产业壮大，优化产业布局，持续释放数字生产力。传统产业得到转型升级，数字技术与农业生产、农产品深度融合，形成了新的数字农业；基于物联网技术打造的黑鱼产业全流程管理平台，成为数字渔业的典型示范；发挥地理信息优势，依靠遥感测绘优化土地资源配置，盘活了农村沉睡资产，引发宅基地改革，同时也助力民宿产业蓬勃发展；此外，依靠地理信息小镇，地理信息产业、通用航空产业、智慧物流等新兴产业正在成为经济增长的"新引擎"。德清大力实施"开放创新、接沪融杭"战略，坚持工业立县、工业强县，积极拓展产业发展领域和空间，生动诠释了"创新、协调、绿色、开放、共享"的发展理念。

五、共治共富

德清县委、县政府围绕推进县域治理体系和治理能力现代化，按照习近平总书记调研浙江的重要指示精神，以"整体智治"理念为引领，在浙江省首创提出建设"全域数字化治理试验区"，以基于地理信息技术的城市大脑为支撑，全力构建数据治理、政府治理、经济治理、社会治理、生态治理跨界融合的县域现代化治理体系。

为建立灵敏高效的现代乡村治理体系，呈现未来乡村发展新愿景，在高质量发展中促进共同富裕，德清坚持数字赋能乡村治理，构建全域智治、多元共治、"一图全面感知"等乡村智治模式，改变了村民、企业和政府之间的互动方式，推进政府、市场和社会多主体资源的整合。通过设计与拓展数字平台功能，在主体上纳入更多社会资源到公共服务与治理中，促成乡村协同治理结构创新和社会生活生产关系变革，实现村民从生存、安全等初级维度需求向归属感、获得尊重及深度参与治理、与乡村共同发展的自我实现的高级维度需求层次迈进。"数字乡村一张图"建设以数字赋能应用场景为目标，以共创公共价值为途径，将共同富裕作为数字赋能乡村治理的战略目标，构建多元主体共治和高效协同机制，以智治推动共治，重塑新型组织关系与结构，以数字技术升级提高治理覆盖面和公共服务精准度，切实解决乡村服务"最后一公里"问题，践行"以人民为中心"的高质量发展理论内涵，解决农民最关心、最直接、最现实的利益问题，动态提升乡村百姓的获得感、幸福感、安全感，实现"成果可享"，最终推动乡村治理体系和治理能力现代化。

第4章

数字赋能乡村治理的生产场景

第一节　数字赋能乡村产业振兴

习近平总书记指出，从全国面上看，乡村产业发展还处于初级阶段，主要问题是规模小、布局散、链条短，品种、品质、品牌水平都还比较低，一些地方产业同质化比较突出。要适应城乡居民消费需求，顺应产业发展规律，立足当地特色资源，拓展乡村多种功能，向广度深度进军，推动乡村产业发展壮大。发展乡村产业，要通过全产业链拓展产业增值增效空间，创造更多就业增收机会。要积极发展农产品加工业，优化产业布局，推动农村由卖原字号向卖制成品转变，把增值收益更多留在县域。发展乡村旅游、休闲农业、文化体验、健康养老、电子商务等新产业新业态，既要有速度，更要高质量，实现健康可持续。^①在当前数字乡村建设与发展的时代背景下，数字技术与数据要素的重要性日益提升，逐渐成为推动乡村产业振兴的持久动力。

十九届四中全会通过的《中共中央关于坚持和完善中国特色社会主义制度　推进国家治理体系和治理能力现代化若干重大问题的决定》^②首次将数据纳入生产要素中。这标志着数据要素成为未来经济增长的新驱动力，我国经济、社会、政府需要全方位数字化转型。数据要素的开发利用成为产业优化升级的关键环节和重要支撑，为激发经济增长新动能，提升产业基础能力和产业链现代化水平，提高国家治理体系和治理能力现代化，进而为推动经济高质量发展创造了更加有利的条件。

生产要素是进行生产所必须投入的要素，是一切生产行为的基础，是经济增长的主要来源。最初，土地、资本和劳动力被归类为核心生产要素。而随着社会和经济的发展，生产要素的形态与重要性也不断发生演变，逐渐纳入了技术、知识、管理、数据等新要素。在农业经济中，第一生产要素是土地；在工业经济中，第一生产要素是资本；而在数字经济中，数据成为第一生产要素。目前，已经有许多学者对生产函数进行了调整，将数据作为生产要素加入生产函数当中。

数据作为一种新型的生产要素，已经深度融入经济价值创造过程，对经济社会发展产生了深远影响。数据要素作为数字经济深化发展的核心引

① 习近平 . 坚持把解决好"三农"问题作为全党工作重中之重 举全党全社会之力推动乡村振兴 [EB/OL]. 求是, (2022-03-31) [2022-10-26]. http://www.qstheory.cn/dukan/qs/2022-03/31/c_1128515304.htm.
② 中共中央关于坚持和完善中国特色社会主义制度 推进国家治理体系和治理能力现代化若干重大问题的决定 [EB/OL]. 新华社, (2019-11-05) [2022-10-26]. http://www.gov.cn/zhengce/2019-11/05/content_ 5449023.htm?ivk_sa=1024320u.

擎，贯穿于数字经济发展的全部流程，有效突破了土地、资本、劳动力等传统生产要素有限供给对经济增长的制约。加强数据要素与其他生产要素的组合迭代、交叉融合，推动生产要素多领域、多维度、系统性、革命性突破，能够有效引领经济社会实现从生产要素到生产力，再到生产关系的全面系统变革。在德清数字乡村治理场景中，数据成为盘活其他生产要素的核心要素，如图 4-1 所示。

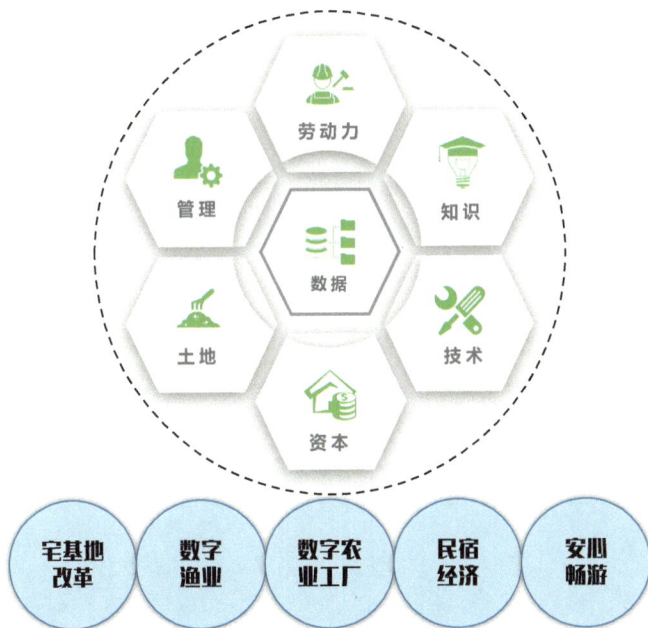

图4-1　数字赋能乡村产业振兴的场景应用

一方面，数据要素激活了农村闲置资产，放松了资产专用性的约束。在传统的产业体系下，要素闲置是制约乡村产业发展的重要影响因素。借助数字化平台，实现对闲置要素的识别、共享、盘活，间接地增加了要素供给，从而用数据驱动供给侧资源整合。其中，宅基地改革、民宿经济都是典型场景。另一方面，数据要素与乡村实体产业融合，催生了以消费升级、服务升级、产业升级为特征的新业态、新模式。乡村产业本身技术基础较薄弱，产品服务较单一，并且缺乏创新的知识和素养。而产业数字化打破了信息壁垒，让乡村企业也能够低成本、低门槛地进行微创新，从而驱动产业新模式的涌现，例如数字渔业、数字农业工厂、安心畅游等场景。

第二节　数字赋能乡村产业振兴的德清实践

一、数字赋能乡村产业振兴之宅基地改革场景

（一）概况

自 2020 年 6 月被列入全国新一轮农村宅基地制度改革试点县以来，德清坚持把数字化改革作为宅基地制度改革的关键突破口，融合运用数字化技术、数字化思维，不断拓宽宅基地改革创新路径，实现农村宅基地"规、批、供、用、管、查、登"全流程数字化管理，有力助推共同富裕。

德清在浙江省率先建立"宅富通"——农村宅基地数字化管理应用，如图 4-2 与图 4-3 所示。"宅富通"农房激活一件事应用属于"数字政府—浙农富裕跑道—农房盘活"场景，致力于解决宅基地管理、闲置宅基地（农房）盘活利用中存在的三方面问题：一是农房资产沉睡，闲置宅基地（农房）资源缺少信息发布渠道，农民、村集体闲置资源难以有效激活；二是监管存在漏洞，对闲置宅基地底数不清，对私下流转缺少有效的监管手段；三是市场投资信息不畅，相关配套政策不健全，缺少市场化流转平台。"宅

富通"农村宅基地数字化管理应用有效地盘活农村闲置宅基地资源，实现村民从"有钱建宅"到"有宅生财"的巨大转变。

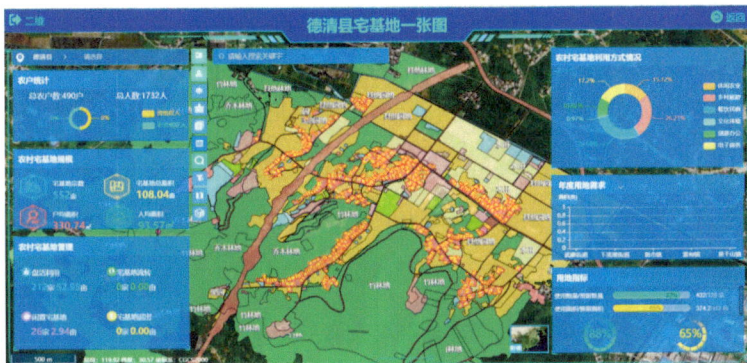

图4-2　宅基地一张图系统界面

图4-3　农村宅基地管理信息系统界面

（二）做法

开展全覆盖数字化调查。率先开展宅基地基础信息调查工作，在完成前期调研分析、技术论证、数据协调等工作基础上，依托一体化智能化公共数据平台和省域空间治理数字化平台，综合运用遥感测绘、高精地图、实景三维等地理信息技术，全面摸清德清农村宅基地规模、布局、权属、利用状况等基础信息，加快建立宅基地专项数据库。

构建全流程数字管理。谋划宅基地全生命周期管理应用场景，联动农业农村局、自然资源和规划局、建设局等 6 个业务部门，突出数据管理、业务办理、信息服务、资源共享等 5 项功能，推动农村宅基地规、批、供、用、管、查、登全流程数字化管理。聚焦政府、农户、社会资本等主体的不同诉求，建立"三权管理""审批管理""综合监管""盘活利用"等 10 大应用模块，实现宅基地全流程数字化管理。开发农村宅基地建房"红黄绿"三色动态预警应用，创新线上线下融合的宅基地监管执法机制，以数字化手段推进宅基地管理全方位、系统性、重塑性变革。

推动要素数字化整合，搭建宅基地数据仓库。结合 GEP 核算辅助决策及生态价值转化应用场景，对"碎片化"资源资产进行统一收储、整合提升、打包策划、规模开发，强化宅基地与山水林田湖草等资源资产的全要素整合。依托一体化智能化公共数据平台和省域空间治理数字化平台，综合运用遥感测绘、高精地图、实景三维等地理信息技术，全面摸清农村宅基地规模、布局、权属、利用状况等基础信息，建立宅基地专项数据库。强化多跨协同理念，贯通共享省市县公共数据平台 11 项数据，打通"数字乡村一张图"、数字农业云平台等多项业务系统，搭建宅基地数据仓库。

打通一站式服务通道。在"浙里办"开通"德清宅基地"模块，农户可通过"浙里办"在线进行宅基地申请、放样申请、验收申请、办证申请等，计划推出宅基地抵押、流转等相关农户服务、政策法规、在线咨询等业务，实现农村建房"一件事"。在"浙政钉"开通"宅基地监管"模块，工作人员可通过手机端进行选址到场、施工到场等"五到场"管理工作，实现宅基地建房全过程"一键办"。宅基地场景如图 4-4 所示。

图4-4　宅基地场景

（三）成效

实现业务流程重塑和村庄布局优化。结合多部门业务数据协同结果，农房被赋予唯一核验码，分"红黄绿"三色，针对不同颜色类型对农房转让、出租、合作经营、委托交易等内容进行分类管理，实现农房合规性、合法性快速审核入库和农房流转信息及时发布，规范农房盘活业务流程，实现农村闲置资源有效激活。依据土地利用、产业发展、居民点布局、人居环境整治等要求，实施多个行政村合并编制村庄规划，促进人口适度集聚、土地集约利用，推动村庄有机更新、城乡融合发展。2020 年以来，德清已实施省级全域土地综合整治工程 11 个，搬迁改善农户 791 户，宅基地复垦总面积 889 亩。

助推优质项目落地，带动居民收入增长。以闲置农房和闲置宅基地作为资源要素，招引了一批数字经济类、文化创意类、咨询服务类等 10 余类新产业、新业态企业注册落地，并按照宅基地招商新模式，让每一幢闲置农房发挥最大的优势与产出。2021 年已招引落地项目 16 个、在谈项目 23 个，总投资超 6000 万元。构建了"贸易 + 文旅"零售商业新模式，年收入可达 500 万元，为村集体带来年增收 10 余万元。2015—2020 年，德清盘活利用农村宅基地 6817 宗、2468 亩，推动村集体经营性收入年均增长 24.3%，农村居民人均可支配收入年均增长 9.0%。此外，德清还出台了全国首个基于"三权分置"的宅基地管理办法，颁发了全国首批宅基地农户资格权登记证。

推动体制机制创新，助力共同富裕。建立了闲置宅基地（农房）盘活利用协同机制，开展整村盘活招商、项目预评价、合同网签公证上链等服务，探索多种形式的合作经营模式和宅基地使用权登记发证制度。创新性地推出了"双使用权"（宅基地和农房使用权）登记颁证，保障激活宅基地市场主体的合法权益，推动乡村新产业新业态发展，助力乡村振兴，共同富裕。

二、数字赋能乡村产业振兴之数字渔业场景

（一）概况

德清是浙江省最大内陆水产养殖县，年总产量占全省淡水渔业产量的十分之一，在获得相对较高收益的同时，尾水排放污染问题十分突出。德清以浙江省唯一农业供给侧结构性改革集成示范试点为契机，在全国率先探索养殖尾水全域治理模式，养殖尾水实现循环利用或达标排放，养殖户普遍增收。截至 2022 年上半年，已建成并运行渔业养殖尾水治理点 1433 个，治理面积 17.1 万亩，走出了一条渔业绿色发展的"绿水青山就是金山银山"新路子。

此外，德清完成了温室龟鳖养殖清零、全域渔业养殖尾水生态化治理，以"主导产业推广养、掌握规律科学养、绿色发展生态养"方式，充分发挥浙江省淡水渔业重点县优势，突出绿色生态养殖、建设种业硅谷、创新数字渔业、提高组织程度、深化主体培育、注重质量品牌等六方面工作，

实现渔业"高效、精准、尖端"发展，引领德清渔业更高质量发展。德清尾水全域治理项目在全国渔业博览会上斩获绿色发展突出贡献奖，淡水珍珠传统养殖与利用系统被列为中国重要农业文化遗产，"清溪"品牌荣获中国驰名商标，"归毛头"甲鱼获得省名牌产品等，2021 年继续被授予德清"中国青虾之乡"荣誉称号。

（二）做法

第一，强化技术支撑。积极争取省海洋渔业局、省淡水水产研究所、浙江大学等专家团队的技术力量支持，因塘施策，科学规划，分类治理。特别是省淡水水产研究所专门成立了以所长为组长的工作班子，举全所之力驻点德清给予技术支持。在此基础上，制定出台《德清县渔业养殖尾水治理设施改造技术指导意见》，指导各镇（街道）科学、规范地实施设施改造工作。同时，大力开展治理培训，推广先进治理模式，举办培训会 36 场次，培训人员 4200 余人。

第二，数字赋能渔业，转变渔业发展方式。一是建立科创孵化中心。在洛舍镇东衡村启动建设渔业科创孵化中心，总投资约 2000 万元，保存优质亲本 12000 尾，保障名优水产种质的保存和供给，打造浙江省一流、国内领先的集种质保存、绿色养殖、创新孵化、文化展示、公共服务等为一体的公益类科技创新孵化中心。二是发展智能渔业。以实施国家数字农业示范县建设为契机，加快推进物联网、大数据、人工智能等新技术在渔业养殖、加工、流通等领域的应用，成立了德清庆渔堂农业科技有限公司，打造"互联网＋渔业"发展新模式。截至 2022 年上半年，已推广物联网智能增氧设备 2718 台，服务鱼塘 30000 亩。三是加快渔业"机器换人"。推广高效渔业设施和装备，加强渔业机械和基础设施配套，夯实渔业生产基础，鼓励扶持池塘循环水、路基推水、工厂化养殖、设施大棚等渔业设施建设，推广底部增氧设备、太阳能增氧机、自动投饵机等新型装备在渔业养殖中的应用，提升渔业设施化水平，已建成设施化养殖基地6个。

第三，创新养殖模式。积极开展池塘内循环流水养殖模式探索与推广，减少养殖污水排放，提高单位水体产量和养殖效益。推广稻鱼、稻鳖、茭鳖共生（轮作）和稻虾、虾菜轮作等生态循环种养模式，实行种养有机结合，净化养殖水体，实现水资源循环使用和营养物质多级利用，已形成稻鳖共生、茭鳖共生、高效多品种混养等示范基地23个，计划推广稻渔综合种养面积1万亩。积极探索渔业工厂化设施养殖模式，开工建设全国领先的封闭式工厂化循环水设施渔业养殖项目，总投资3500万元，2022年3月已建成投产，已培育优质加州鲈鱼苗种500万尾，力争建成浙江省设施最先进、规模最大的浙江淡水鱼苗（鲈、鳜鱼）智能繁育中心。

第四，打造种业硅谷，提高渔业核心竞争力。一是省种业公司总部入驻地信小镇。启动建设了国际化、数字化、实体化运行的全球虾类种业智能化研发中心，引进以中科院院士牵头的专家智囊团队，开展水产种质、水产苗种、新品种商业化布局，水产新品种成果转化难题联合攻关等，打造水产种业综合体。二是建设千亩SPF（Specific Pathogen Free，不带特定病原）种虾培育基地。在下渚湖街道建设高标准、全封闭SPF级数字化智能化保种工厂及种虾培育基地，总面积约1000亩，构建一个国内乃至世界一流的"种源干净、性状优良、品系多样"的罗氏沼虾SPF种质库。三是加快智能繁育中心建设。在阜溪街道建设浙江省设施最先进、规模最大的浙江淡水鱼苗（鲈、鳜鱼）智能繁育中心，年生产加州鲈鱼苗5000万尾，形成"技术研发、饲料生产、种苗繁育、商品养殖、品牌营销、淡季上市"

单品种全产业链；引进 1000 斤"太湖二号"青虾原种，开展保种、繁育和推广等工作，加快构建覆盖德清的青虾良种引进、杂交、推广应用新体系。数字渔业场景如图 4-5 所示。

图4-5　数字渔业场景

（三）成效

打造了质量品牌，提升了渔业知名度。以产业农合联为运作主体，切实开展渔业品牌建设，形成了以"德清鱼"水产品区域公用品牌引领，"黑里俏"黑鱼、"水精灵"青虾为支撑，生产主体品牌为基础的品牌体系。"黑里俏"黑鱼获得浙江省十大区域品牌水产品称号；"水精灵"青虾为杭州、上海乃至长三角区域市场的抢手货。通过每年开展初级水产品全面普检工作，年均检测各类水产品5000余批次，切实保障初级水产品质量安全。德清100余个水产品取得无公害产品证书，创建农业农村部健康养殖示范场5家。德清推广应用稻鳖共生、稻虾共生（轮作）、虾菜轮作、茭鳖共生等稻渔综合种养模式10000余亩，促进"一水多用、一田多收、渔粮共赢"，2021年清溪国家稻渔综合种养示范区被评选为国家级稻渔综合种养示范区，为浙江省唯一示范区。推广了多品种生态混养面积4万余亩，推广鲈鱼、乌鳢配合饲料替代冰鲜鱼应用面积5000亩，实现生态效益与经济效益的共赢。

培育了特色产业主体。把休闲渔业与乡村振兴、旅游业发展、渔业文化传承有机结合，建成了吴越水产、小根鱼文化展示馆、延炜龟鳖等一批休闲渔业特色基地和渔旅综合体。以国家农村综合性改革试点试验项目实施和首届田园博览会主会场建设为主要内容，加快推进下渚湖渔乡风情小镇建设。

提升了产业效益，提高了居民收入。一方面，引导村集体经济合作组织参与小型分散养殖场的集中连片治理，建成后相关设施资产归村集体所有，不但增加了村集体的固定资产，还推动了土地（水面）流转价格的提高。比如下渚湖街道上杨村通过村集体经济合作组织对878亩小规模分散渔业养殖尾水开展治理，村集体资产增加128万元，集体年增收5万元。另一方面，通过健全完善水产品全产业链，大力推广应用新技术、新模式及优良新品种，进一步提升了产业效益，拓展了农村居民增收途径。如德清的吴建荣养殖场尾水治理后，产品成功打入北京市场，均价比一般养殖场高出近1元钱。2021年德清实现渔业产值约32.8亿元，同比增长10.5%；渔民人均可支配收入约 3.1 万元，同比增长 11%。

三、数字赋能乡村产业振兴之数字农业工厂场景

（一）概况

近年来，德清立足场景数字化、管理高效化、服务全程化、应用便捷化，聚焦农业生产、农产品出村进城、消费者购买等场景中的问题需求，注重多跨协同，重塑业务流程，以小切口牵引大场景，构建农产品产、供、销、配等全链条数字化服务和运营体系，实现数字农业"加速跑"。

（二）做法

以"产业数字化、数字产业化"为导向，构建农产品全链条数字化监管体系。通过数据流引领物资流、人才流、技术流、资金流，搭建了包含生态选址、数字化生产、产销对接、快速配送等四方面内容的农产品全链条数字化应用场景。利用"有德鲜生"浙农码，打通农产品从生产"最初一公里"到销售"最后一公里"，做好农业产、供、销、配的各环节保障工作，搭建农产品数字化管理场景。

建设完善一批数字农业工厂，在生产环境、生产过程、质量安全、生态保护等环节推进数字技术装备的系统集成与综合运用。以德清新田农业科技有限公司为例，该公司采用绿色防控技术，推行科技生产模式，同时应用数字农业服务平台和农产品质量安全管理系统，实现生产监控、作物种植管理、质量追溯等多项在线监管。截至 2022 年上半年，德清已建成 10 个数字农业示范园区，4000 多个农业物联网应用示范点，6 个农业基地获评省级数字工厂。

注重多跨协同，推动流程优化与再造。在线上方面，依托"浙农码"

中的农产品生产环节溯源和数字配送系统中的"车联网"和"平安码"溯源，打通农业、供销、配送的业务流、数据流，完善产业链上下游和跨行业融合的数字化生态体系。在线下方面，整合农业农村、供销、商务等 6 个部门的空间治理、农技服务、补贴申请、网上信贷等多方面业务，将农业条线单一的生产服务延伸到产前、产中、产后的全链条服务，完善"一站式"服务机制。数字农业工厂场景如图 4-6 所示。

图4-6　数字农业工厂场景

（三）成效

依托"有德鲜生"浙农码，德清的种养形成了包含"码上下单、农场采摘、数字配送、码上溯源"的全链条闭环模式。将农产品质量安全溯源和德清城配物流的供应链云平台应用叠加，可以让用户码上溯源和码上下单，农产品可由原来的隔日送达变为当口送达，快速开启从"田间到厨房"的美好新生活。

随着消费升级趋势日益明显，消费者更需要农产品具有安全健康、新鲜美味等特质，通过"有德鲜生"浙农码，可以观看农产品的生产、销售、配送等全流程情况，为消费者营造放心、安心、舒心的消费环境。

"数字化"产业的不断推广，倒逼传统农业主体实施数字化转型升级，降低生产用工成本，提高生产效率，生产出绿色安全的农产品。通过数字化助推农业高质量发展，农业生产效率提升 40% 以上。

通过提供"数字化"服务，不仅拓宽了销售渠道，发掘本地市场，而且进一步促进了供需关系的匹配度。如"百源康水果黄瓜"根据不同订单需求，采用不同的打包装箱方式，一般采用泡沫箱并搭配冰袋保鲜，生鲜超市采用托盘保鲜膜，实现农产品产销精准对接。

四、数字赋能乡村产业振兴之民宿经济场景

（一）概况

近年来，德清 18 个山区村因地制宜，利用山区资源优势，依托莫干山近沪临杭的良好区位优势和历史上"天然消夏湾"休闲度假品牌的一贯传承，突出"原生态养生、国际化休闲"主题，引入"民宿经济"发展模式，大力发展民宿产业，走出了一条独具特色的民宿经济发展之路。截至 2022 年

9月，德清共有民宿800多家，其中省级白金宿3家，金宿6家，银宿22家；县级精品民宿32家，优品民宿12家。通过规范经营推介、扩大集聚效应、打造块状产业，村级集体经济不断发展壮大，共建成洋家乐94家，每年接待游客50万多人次，村集体平均每年实现增收35万元。2021年，全年德清乡村旅游接待游客1032.5万人次，实现营收41.96亿元。

（二）做法

第一，规范化"民宿经济"，提供优质的服务。乡镇统一规划，整合组织部、旅游局、农业局等多方资源，邀请国内外专家编制《莫干山国际休闲旅游度假区规划》，抱团引进徒步、骑行、探险、定向越野、素质拓展等项目，打造"一村一品"民宿特色。村级组织统一运作，例如莫干山镇8位村支书放弃休息时间，带头夜访农户，讲解惠民政策，鼓励村民腾出闲置房屋改造成民宿（如图4-7所示），扩大产业规模，推进项目落地。成立"民宿经济"服务公司，统一管理。

图4-7　民宿改造前（左）后（右）对比

第二，盘活闲置资产。在游客达到一定规模后，逐步培育"洋家乐"、青年旅舍、休闲会所等精品项目。村集体采取"股份＋合作"方式，将校舍、厂房、会堂等闲置资产改造成休闲会所、生态旅社、农产品工厂等，自主投资经营或资产入股，盘活闲置资产，提高开发效益。

第三，提供政策指导。在规划上，编制了《德清西部地区保护与开发控制规划》《莫干山国际旅游度假区总体规划》《德清县乡村旅游发展规划》，从保护、开发与管控的关系出发，做出全面细致的空间和产业规划设计。在制度上，出台《德清县民宿管理办法（试行）》，成为全国首创。2017年，顺应民宿发展新趋势和上级政策法规，修订了民宿管理办法，进一步明确了民宿开办条件。《乡村民宿服务质量规范》国家标准正是以德清乡村民宿地方标准为蓝本所制订，如图4-8所示。

图4-8　德清乡村民宿标准

第四，引入项目，促进产业兴起发展。通过引进户外运动体验中心、莫干慢生活示范区、环西部山区自行车绿道等项目，村集体投资入股，以"民宿经济"激活低碳观光旅游业，每年分红增收。在区位优势相对较好的莫干山镇庙前村，实施"选商引资"一号工程，采取出让、租赁等方式招商引资。

（三）成效

在"民宿经济"服务推广的过程中，每位游客每日助村增收 10 元。筏头乡后坞村与"裸心谷"度假村合作，招聘村民"管家"，帮助培训西餐制作、简易外语、外国礼仪等业务，仅此一项每年增收 5 万元。

出于对限制资源启动的需求，莫干山镇南路村与台湾清境旅游公司合作，引进"上物溪北"民宿项目，村集体出资 200 万元，对村里闲置的老式泥坯房、西洋楼进行修复改造，共建成 8 栋异国风情洋房别墅，村每平方米可提成 100 元，一次性获利 16 万元。同时，村集体通过提取服务费、中介费等，每年也能增加收入约 8 万元。

通过项目的引入，在区位优势相对较好的莫干山镇庙前村，实施"选商引资"一号工程，采取出让、租赁等方式招商引资，投资 400 万元，成功引进莫干山峡谷漂流项目，流转土地 15 亩，村集体经济年增收 8 万元。筏头乡东沈村利用大坞里海拔较高，地形独特的优势，找准"新型观光农业"定位，通过公开招标，成功引进了浙江省首家大鲵野化驯养保护中心——德清大鲵野化驯养基地，每年吸引 2 万余名民宿客商前来观赏、住宿消费，村集体通过收取土地租金、收取门票提成等，每年增收 6 万元，实现企业和村集体互利互惠。

五、数字赋能乡村产业振兴之"安心畅游"场景

（一）概况

习近平总书记强调，要高效做好统筹疫情防控和经济社会发展工作，坚决克服目前经济发展面临的一些困难。[①] 德清认真贯彻落实习近平总书记重要指示精神，在浙江省公安厅、省文化和旅游厅等部门指导下开发"安心畅游"应用，作为数字文化系统"浙游通"重大应用的重要内容。"安心畅游"应用聚焦疫情防控常态化背景下旅游服务业复苏发展，构建游客畅行、助企纾困、决策治理等子场景，着力解决疫情影响下游客"不敢来"、企业"不敢接"、政府"不好管"等问题，有效助推旅游服务业稳步复苏。"安心畅游"应用的驾驶舱界面如图4-9所示。

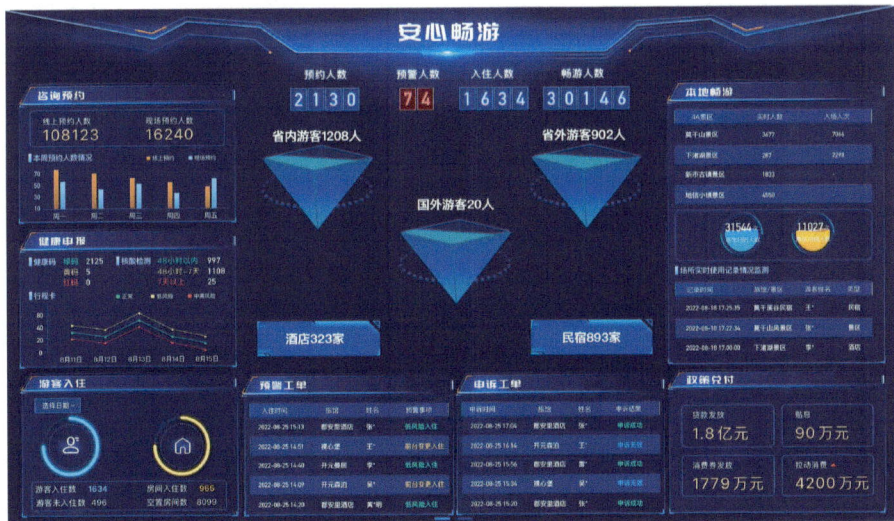

图4-9　"安心畅游"应用驾驶舱界面

[①] 习近平在四川考察时强调深入贯彻新发展理念主动融入新发展格局 在新的征程上奋力谱写四川发展新篇章 [EB/OL]. 人民日报, (2022-06-10) [2022-10-26]. http://dangjian.people.com.cn/n1/2022/0610/c117092-32442801.html.

（二）做法

德清"安心畅游"应用的做法主要体现在三个方面。

第一，构建"游客畅行"子场景，提升游客出行意愿。针对游客不能及时了解目的地防疫要求，不敢贸然出行等问题，上线"游客畅行"子场景，以全方位服务提升游客出行意愿。一是精准推送防疫政策。连通携程、去哪儿、美团、飞猪等OTA（Online Travel Agency，在线旅行社）平台，全面动态掌握民宿、酒店预订信息，形成订单信息库。应用根据订单信息自动将当地防疫要求及"安心畅游"应用链接，以短信形式一键推送至游客。游客通过点击链接进入应用，完成健康信息远端申报；后台自动比对审核，为无涉疫风险的游客生成"安心畅游码"。二是精准发放文旅消费券。连通"我德清"微信小程序，对来德游客精准推送文旅消费券抢领链接，游客抢领成功后可一键直达"我德清"云豆商城核销使用，精准提高游客消费意愿以及消费券使用率。截至2022年9月底，共发放文旅消费券2219万元，实际核销1838万元，拉动消费6100万元。三是精准引导出行游玩。集成"民宿地图""智慧交通"等功能模块，为游客提供吃、住、行、游、购、娱等便利化服务引导，进一步提升游客出行体验感。"安心畅游"应用游客服务端界面如图4-10所示。

第二，构建"助企纾困"子场景，减轻企业经营负担。针对民宿酒店反映的游客信息采集核验繁琐、行业发展不景气等问题，构建"助企纾困"子场景，切实为企业办实事、解难题。一是游客信息快速核。上线"核验一码通"模块，将原来游客防疫信息"亮码—拍照—留档"核验流程缩减为"扫码（安心畅游码）"一项，同步连通省旅馆业治安管理信息系统，一码即可全量调取游客健康码、行程卡、核酸检测结果等健康信息以及身

图4-10　"安心畅游"应用游客服务端界面

份信息，实现健康核查、入住登记一起办，信息登记审核平均时间缩短至
20秒。二是惠企政策集成享。连通企业综合服务应用，集成鼓励文旅企业
创强创牌、支持旅游商品创新发展、支持培养旅游专业人才、支持住宿餐
饮企业发展壮大等共10类文旅行业补助补贴政策，按"最小颗粒度"对政
策进行拆解，形成涵盖惠企条款、适用对象、申报条件等内容的文旅产业
政策库。应用根据企业需求信息，智能匹配政策并推送至企业，为企业提
供政策咨询、申报引导、进度查询等"一站式"服务。截至2022年9月底，
累计兑付文旅行业政策资金640万元，其中为193家民宿办理贷款贴息90
余万元，对限上住餐单位兑现奖励资金308万元。三是特殊诉求兜底办。
连通县优化营商环境兜底办线上服务平台，针对民宿酒店等企业反馈的特
殊诉求，实施"一级响应服务"机制，由县政务办（营商办）联合多部门
研判解决，切实为企业排忧解难。截至2022年9月底，累计受理因历史遗
留问题补办不动产权证等"三不管"问题61个，其中已办结59个，办结

率 96.7%。"安心畅游"应用企业服务端界面如图4-11所示。

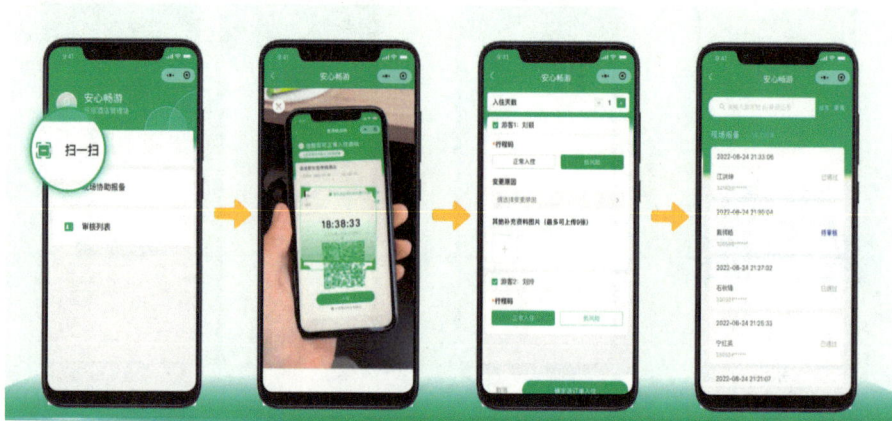

图4-11 "安心畅游"应用企业服务端界面

第三，构建"决策治理"子场景，提高精细管理水平。针对游客信息掌控不够全面，旅游市场监管不够精细等问题，构建"决策治理"子场景，切实提高疫情防控、行业治理水平。一是疫情风险联查联控。应用实时监测游客健康信息，并将监测结果实时推送至县防疫办及有关防疫部门，实现信息资源一键共享。如发现风险隐患，各防疫单位第一时间对抵达游客进行涉疫数据风险联查联控，第一时间对重点人员协同高效处置，有效避免多头管理、重复核查。截至2022年9月底，自动识别疫情风险人员2136名，全部得到有效处置。二是旅游安全动态监管。连通民宿、酒店、景区等视频监控系统，公安、文旅、交通等部门协同开展动态监管，实现旅游业态安全"一屏掌控"。截至2022年9月底，累计接入景区视频监控889路，开展视频巡逻1539次，及时发现并督促整改各类隐患问题187处。三是产业发展深度透视。连通县全域旅游大数据平台，归集民宿酒店订单、消费券发放使用、惠企政策兑付、民宿企业意见诉求等信息，进行深度分析，形成旅游产品、游客流量、景区治理等区域旅游业发展态势图，为政府引进文旅项目，完善惠企政策等提供决策参考。"安心畅游"应用政府治理端界面如图 4-12 所示。

图4-12　"安心畅游"应用政府治理端界面

（三）成效

德清"安心畅游"应用于 2022 年 5 月底在微信小程序和"浙政钉"上线，并以莫干山国际旅游度假区作为试点。截至 2022 年 9 月底，已有 806 家民宿酒店注册使用，接待住宿游客 46 万人次，同比上升 18.7%，带动辖区旅游收入同比上升 11.7%。

第5章

数字赋能乡村治理的生态场景

第一节　数字赋能乡村美丽生态

习近平总书记指出，环境好了，生活才能更好。良好的人居环境是广大农民的殷切期盼，要坚持绿色发展，打造农民安居乐业的美丽家园，让良好生态成为乡村振兴的支撑点①。通过乡村治理数字化推动实现乡村美丽生态，是兼顾生态资源保护、转化、共享的高质量发展模式，也是践行"绿水青山就是金山银山"理念的关键路径，更是高质量建设共同富裕示范区的重要抓手。然而，乡村资源具有流动性、跨区域等特征，且零星分散，呈碎片化分布。因此，数字赋能乡村美丽生态需要通过卫星遥感、测绘等数字化技术，将"像素"模糊的生态资源"成像"，构建数据底座，形成

---

① 习近平. 让良好生态成为乡村振兴的支撑点 [EB/OL]. 央广网，(2022-07-09) [2022-10-26]. https://www.chinanews.com/gn/shipin/2022/07-09/news931533.shtml.

数字孪生，做到显山露水、显乡露村。

　　数字孪生作为浙江省委数字化改革"1612"工作体系中一体化智能化公共数据平台的重点探索领域，是推动物理空间、社会空间与数字空间虚实交融，实现资源配置最优化的一种全新数字化治理方式，如图5-1所示。数字孪生如同给乡村物理空间、社会空间与数字空间之间设置了一个彼此融合并能接收和发送双重信号的"智慧大脑"，不仅表明乡村公共服务产品具有数字化特征，更意味着通过数字孪生技术改变乡村的治理过程与治理模式。

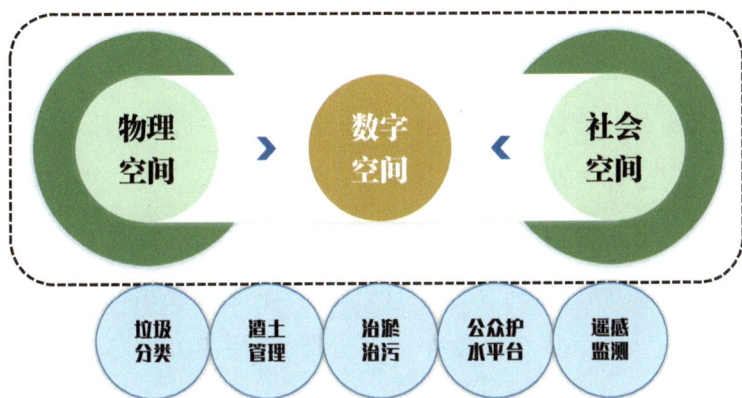

图5-1　数字赋能乡村美丽生态的场景应用

　　德清依托数字乡村建设基础，充分发挥一体化智能化公共数据平台支撑作用，将地理信息技术作为承载引擎，基于"数字乡村一张图"数字化平台，构建了乡村数字空间，形成乡村治理协同网络，推动乡村全要素数字化与虚拟化、全状态实时化与可视化、全方位协同化与智能化。德清根据数字孪生的思想，叠加资源现状、经济发展等因素，运用人工智能博弈模型，优化城乡资源要素配置，按照规模适宜、宜建则建、宜耕则耕、宜林则林的原则，探索可视化的科学预测，构建未来孪生乡村，为决策提供乡村治理规划"人机共智"的全新模式，动态预测评估，指导孪生乡村规划修编。通过对"数字乡村一张图"的综合运用，德清在垃圾分类、渣土管理、治淤治污、公众护水、遥感监测等多个场景中展开了积极探索，有效地实现了数字赋能乡村美丽生态的治理目标。

第二节　数字赋能乡村美丽生态的德清实践

一、数字赋能乡村美丽生态之垃圾分类场景

（一）概况

2014 年开始，德清农村生活垃圾分类开始了"数字化"1.0 时代，随着大数据、人工智能等先进技术不断走向成熟，垃圾分类工作不断深入，2018 年德清基于"数字乡村一张图"的建设，开发建立生活垃圾分类智能管理系统，全面开启"智能化"2.0 时代。该系统截至 2022 年 8 月实现了对德清 13 个镇街的 135 个行政村、9.6 万余名农户的生活垃圾分类全流程科学管理，农村生活垃圾分类成效明显。

（二）做法

第一，智能化助力前端精准分类。德清农村按照生活垃圾"四分法"，科学设置分类桶，为每户农户免费发放 1 组二分类桶，实现户分垃圾桶配备全覆盖，同时，对农户垃圾桶安装电子芯片 10 万余张，依托收集车辆智能台秤的自主扫码、智能称重、自动拍照、质量评定、数据上传等功能，实时掌握"精准到户"的垃圾分类数据和情况分析，建立"积分制"，对

农户分类积分进行实时更新、动态排名。为进一步解决农户"想分不会分"的问题，配合生活垃圾分类搜索引擎，制作投放指南等，为农户提供多方学习途径，大力提高源头投放准确率。

第二，智能化助力中端高效收运。为防止收运过程"先分后混"和抛洒滴漏等现象，严格把好收集关，各行政村制定相应的收运制度加强考核。同时依托全国北斗增强系统"一张网"，对车辆实时高精度定位，并获取车辆行驶轨迹，有效规范用车流程，避免了"跨片作业"等违规操作的情况发生，实现对收运车辆的高效管理。

第三，智能化助力中末端规范管理。德清生活垃圾收集点安装视频监控共 280 余个，实现全天候无死角监控，对各末端处理站也能远程实时监控站内工作状态，展开常态化数字化管理。

第四，智能化助力考核执法工作。德清每月通过常态化"8 大行业督查组 + 县分类办"联合督考，开展县级示范创建。在实地考评基础上，通过平台精准掌握考核对象的分类精准率、参与率、错误率等工作数据，分析对比总量图、排名图、趋势图，获得更直观、更客观的考核考评依据，精准助力示范创建工作。

第五，智能化助力正向激励机制。智能监管平台实时记录各行政村生活垃圾分类的参与率、正确率和各类垃圾产生量，同时具有分类积分、积分查询功能。德清积极探索正向激励机制，依托智能监管平台，实行积分兑换制度，村民可以通过线上 App、线上 web 端、微信公众号、积分兑换小屋、现场兑换等渠道进行"网上网下"兑换实物。在该基础上，又推出了"生态房券""生态绿币""绿色信贷"等活动。垃圾分类场景如图 5-2 所示。

图5-2　垃圾分类场景

（三）成效

生活垃圾分类智能管理系统上线之后，农村生活垃圾分类覆盖率100%，回收利用率达53%以上，资源化利用率达100%，无害化处理率达100%，数字化平台覆盖率100%，农户知晓率达100%，投放准确率90%。智能化监管将传统的人工管理向智能化、大数据管理转变，助推德清农村垃圾分类工作走向精细化、高效化、全面化管理。

第一，回收效率大幅提升。135个行政村共配有易腐垃圾和其他垃圾转运站223个，全密闭垃圾收集车691余辆，通过车载称重、GPS定位等功能配套，对分类运输车辆作业状态、运动轨迹进行实时监控，使垃圾收运效率提高 10%。此外，居民参与意识显著提高。居民参与率达 100%，精准率提高至 85%。

第二，末端规范管理加强。德清建成 1 座餐厨垃圾集中收运处置中心，按照"相对集中，合理分布"原则，在主城区城郊建成城乡环境生态综合体示范基地 1 座，3 个中心镇建成资源化利用中心 3 座，偏远农村建成小型垃圾资源化利用站点 8 座，易腐垃圾设计日处理能力 212.9 吨；建成焚烧厂 1 座，其他垃圾设计日处理能力 600 吨。

第三，执法保障显著提高。已成功累计创建县级示范村 86 个，同时加强执法保障，13 个镇街中队日常巡查中对违法投放生活垃圾的行为严格执法，2021 年以来，涉及农村垃圾分类相关的执法案件数达 726 件。智能监管平台不仅能对违法案件的侦查提供"电子视频证据"，同时执法队员根据平台内相关数据异常，发现问题 325 次，均已整改到位，垃圾混投混运、偷倒乱倒等行为得到明显改善。

二、数字赋能乡村美丽生态之渣土管理场景

（一）概况

随着城市建设步伐不断加快，大量的渣土伴随各类建设项目及地下空间利用涌现，由于各地渣土市场之间信息不对称，缺乏"一盘棋"式的统一规划和管理，渣土无法科学匹配消纳，渣土灰色市场由此兴起，滋生了渣土跨区域违规倾倒，运输单位违规运输处置等问题，扰乱了市场秩序，危害了生态环境和交通安全。对此，德清确定改革堵点，在 2020 年 1 月初步实现工程渣土数字化服务管理的基础上，于 2021 年迭代升级上线"工程渣土一件事多跨场景应用"，在服务端构建工程渣土全方位数字化服务体

系，在治理端构建工程渣土全生命周期协同监管体系，着力实现精准高效、规范便捷、法治数智的全要素、全流程、全闭环工程渣土服务管理。2020年以来，累计消纳渣土730万方，解决企业项目建设问题242个，以工程渣土修复废弃矿山18个，增加建设用地指标1769亩，实现了工程渣土无序倾倒向有序调度转变，粗放管理向精准智控转变，单一治理向整体治理转变。

（二）做法

德清通过两个方面做法，实现了渣土管理革新。一方面，以改革创新重构制度体系。一是科学规划"精准摸排"。建立渣土市场供需匹配机制，摸底掌握德清建筑工地及项目的出土、消纳情况，对未来10年出土和消纳项目实行"一盘棋"式科学规划，导入渣土数字化服务管理系统，形成出土、消纳"数据银行"，并提前建立重点工程出土保障制度，实现资源配置最优化。二是运营模式"多方共赢"。探索设立专门机构，出土方、消纳方、运营方等多方参与的运营模式，并设立专门机构加入工程渣土数字化服务管理系统，负责统一管理运营消纳场地。同时，本着出土方成本不增、专门机构运营不亏、消纳方利益不减的原则，依据市场化机制确定收费与利润分配标准，剔除原市场中36%的灰色收益（改革前，中间方的收入，即本地黑中介），并将其让利于镇（街道）和村（社区），实现出土方、消纳方、村集体等多方利益共赢。三是行业规范"自管自律"。紧紧抓牢"管好车"这一关键，健全完善运输公司运营管理机制，渣土车辆所在公司均上线链接数字化服务管理系统，在工程车"国五标准"的基础上明确准入门槛，并设置4条渣土运输专用车道，推动渣土车安装OBD系统（车载自动诊断系统），实施定时、定速、定量、定人、定车、定道"六定"举措，配套

"黑名单"制度（违法次数达 2 次以上的车辆，6 个月不予准入倒渣土），倒逼运输企业自管自律。渣土管理场景如图 5-3 所示。

图5-3　渣土管理场景

另一方面，以综合集成构建系统架构。一是流程再造、在线审批。接入调用、综合集成省域空间治理数字化平台、投资项目在线审批 3.0 系统、"智慧交警"等业务系统，纵跨省市县 3 个层级，横跨县域自规、建设、综合执法、交警、交水集团、属地 6 个部门，建立工程渣土在线审批场景：工程出土、车辆运输、场地消纳等均可通过"浙里办"（德清）服务端自主申请，经系统分析自动派发任务（工程出土、车辆运输、场地消纳等均通过服务端提交审批申请并传输至系统，系统按照部门职责通过"浙里办"自动派发审批任务至各审批部门），各部门通过"浙政钉"治理端联合审批，推动审批事项跨部门业务协同，变线下串联办为线上并联办，线上线下两端即时申报审批实现"零跑趟"，审批时间从原来的15天缩短至现在的5天。二是多维分析、智能匹配。集成多规合一系统、项目预评价系统、GPS数据服务商系统等数源系统，依托车辆定位、道路卡口、审批信息等数据，在"浙里办"（德清）服务端开发出土点、消纳点和运输路线"两点一线"智能匹配功能，通过出土方申报的出土点、土质和方量等要素，以就近原则为导向，推动消纳点、运输工具、运输路线的智能匹配或自主选择，变粗放供给为科学调配，实现渣土资源的高效、精准配置（即通过出土方申报的出土点、土质和方量等要素，系统以就近原则为导向，智能匹配合适的消纳点；以空闲状态和信用评价为导向，智能匹配合适的运输企业。同时，出土方可在系统中任意选择消纳点位和运输企业，系统将自动计算相关费用供出土方参考）。2020年以来，已服务出土场地98个，消纳场地147个。三是科学预警、动态监管。发挥地理信息小镇特色产业优势，运用卫星定位系统、地理信息系统、电子围栏系统、统一视频监控系统等信息技术，将视频捕捉、物联感知等手段有机结合起来，通过工程项目、处置场地、运输企业、运输车辆等数据的落图管理，实现渣土处置全方位实时监控，实现对渣土处置的可视化监管。同时，运用大数据分析、人工智能等技术，对违规作业行为进行精准识别判定，将工地出土审批量与实际出土量进行比较，智能判断提供超核准预警和报警信息；通过对车辆行驶轨迹的分析，获得疑似黑工地、乱倾倒点等的预测信息。

（三）成效

德清以"工程渣土一件事多跨场景应用"实现了工程渣土全周期闭环管理，达到强化综合集成、促进精准治理的效果，其改革成效主要体现在三个方面。

第一，行政管理更加科学。通过采集数据需求 43 项（拆解为工地出入口视频、黑名单、停车场等 43 项最小任务项的数据需求），调用数据接口 12 个（按照数据需求从大数据、公安、交通等 8 个部门 12 个数据接口调取数据），集成数据驾驶舱，以大数据分析、人工智能等手段，实现数据深层的钻取和横向的关联，打通供需匹配、资源化利用、结果评价等环节，提出智能化解决方案，为行业发展、监管执法、政策制定提供决策依据。例如，根据摸底和平台分析，德清 2021 年度出土量达 730 万方，消纳量为 670 万方，县政府据此提前谋划，协调落实容量为 100 万方的闭坑矿山用于消纳。

第二，联动执法更加高效。通过归集 601 个路口交警抓拍、2632 辆工程车辆定位、54 个建筑工地视频监控等跨部门数据，设置非法倾倒、未密闭、未按规定路线行驶等 6 种违规行为的自动预警。通过浙政钉实现工单流转、联勤联动、闭环处置，执法合力和监管效能大幅提升，渣土领域违法违规行为得到明显抑制。2020 年系统上线以来，德清涉工程渣土案件同比下降 38%，工程车交通事故率同比下降 12%。

第三，生态修复更加及时。积极推动渣土资源化利用，根据德清出土消纳布局，按破坏程度实行生态环境动态监测、及时预警，推动从事后被动修复向事前计划修复转变，在渣土精准配置、利益多方共赢的同时确保绿水青山不改色。如，对于过去粗放式开采留下的原舞阳街道长春矿坑（面积 100 余亩，平均深度 16 米），德清通过系统的监测和预警，精准消纳县重点工程 50 万方渣土，将矿基地复垦为林地，矿山面貌焕然一新。

三、数字赋能乡村美丽生态之治淤治污场景

（一）概况

2021 年以来，德清严格落实"决不把污泥浊水带入全面小康"的工作要求，以浙江省唯一科学成果转化实验区建设为契机，在治淤（污）工作中充分利用现代地理信息、全景、云计算等科技手段，运用"智慧因子"全力清淤、控淤、用淤，取得较好成效。

（二）做法

第一，运用"大数据"研判法，精准清淤。通过数据化利用科学化检测和分析手段，全面排摸"淤"情，精准实施有效的清淤举措。一是"泥成分"检测，循因施策。初选 34 条县级河道，进行水质和底泥中的重金属、有毒有害物等监测，根据底泥是否有毒、能否循环利用等特性，确定清淤、运输、淤泥处置和尾水处理等方案，因地制宜选择液压抓斗式、水力冲挖式、环保绞吸式等不同的清淤方式和施工装备。截至 2022 年上半年，已投入资金 200 余万元，购买淤泥固含量检测仪、淤泥界面检测仪等仪器 10 余台。二是"机器人"探路，循症施治。建立地下管网数字化管理平台，利用"CCTV管道爬行机器人"对市政地下管网内淤泥高程、管径、管道等情况进行全面摸底，作出等级定性，将采集到的数据储存分析绘制成地下电子管网图。依托电子管网图委托管网清淤公司对"盲管""病管"及时进行清淤疏通，有效解决管道"接而不通、通而无水"现象。三是"数据库"设置，循点施用。建立清淤资料数据库，汇总各河道、城市管网、湖泊、水库成分检测、清淤实施情况等历史资料。同时，委托第三方测量机构对典型断面进行抽样补测，推算淤积方量，设立淤泥深度标准线，当到达定期清淤标准时，

对号入座，实施清淤治污"一河一策"机制，有效提高工作效率。

第二，实施"水陆空"组合法，立体控淤。结合智慧城管、智慧水利系统项目建设，运用无人机、监控平台及实时影像等现代科学技术实现"水陆空"三位一体监管。一是全方位"空中"监管。充分利用省地理信息产业园优势，综合运用 RS（航空遥感）、GPS（全球定位系统）和 GIS（地理信息系统）的"空天一体"3S 新技术监管德清 1211 条河道情况，采用无人直升机进行分类巡查，实时查看和传输河道污染源治理情况和水质变化情况，实现高效率、高定位、无盲区信息采集。二是全过程"陆上"监控。将污泥管理纳入德清"智慧水利"信息化管理平台，对突发水污染事件、山塘水库日常巡查、清淤工程实施等进行实时监管，实现各类河道保洁、污染物倾倒等问题信息定量、定性实时传输，有效提高清淤工作数字化水平。三是全流域"口岸"监察。建立太阳能无线监控系统，对德清 34 个重点河道排污口实施影像监控，根据河道排污现状随时调整监控位置，实现高效智能化监察，防止污水入河。同时，积极推进重点污染源企业浓度和总量双控，实行排污总量"持卡排污"。

第三，创新"再循环"解题法，科学用淤。立足资源化利用，引进实施新技术破解污泥处置难题，积极探索无毒淤泥消纳方式，将淤泥变废为宝。一是填泥回矿。结合矿地综合开发利用、农村土地综合整治项目及鱼塘和荒地平整复垦，将污泥处理后择地"填埋"复耕，做到"以废治废"。如通过实施矿地造水田工程，用泵机将河泥吸灌到就近的废弃矿坑，按照田成方、树成行、路渠配套要求进行建设。二是吹泥入堰。将淤泥通过土袋围堰施工、吹泥入围堰等方式用于圩堤等建设，有效解决目前利用泥浆筑堤中存在的砂石需求量大、造价高、周期长的问题，切实加快施工进度，缩短筑堤工期。三是捻泥于田。对经监测未污染的农村河道，采取传统竹制捻泥工具和泥泵相结合的方式，将淤泥调用到蔬菜、瓜果大棚肥田。

（三）成效

截至2022年上半年，德清1200多条河道中已有五分之三完成清淤工程，累计清淤总量2100余万方。16个地表水常规监测断面水质已消灭了Ⅴ类和劣Ⅴ类，34条县级河道Ⅱ类—Ⅲ类水由2021年年底的47%增加到2022年的90.8%，河道水质持续向好。

第一，清淤计划顺利进行。以禹越镇为试点，已完成工业集中区内地下电子管网图绘制16.7公里，地下管网清淤10公里，管道视频检测6.7公里。

第二，监管体系初步建立，巡查范围扩大。已拥有无人机3架，巡查范围覆盖德清境内735条河道，涉及长度1396公里。系统已覆盖德清34条县级河道、8家污水处理厂和17家产生污泥重点工业企业，实现德清85%以上河道污泥处置全过程实时监管。截至2022年上半年，已在17家重点企业建成刷卡排污总量控制系统。

第三，变废为宝，淤泥创收。已经累计淤泥造田2090亩，经环保部门检测，土壤质量检测和固废样检测报告相关指标均达到国家标准。从导流港清出的100万立方米的淤泥用于新建导流线湘溪、城西圩15公里堤防，宽近40米。经测算，每公里圩堤可消耗淤泥3万立方米。又如新安镇利用浙江大学等高校科研成果，将清理出的4.2万方淤泥经过生态消毒法袋装后用于围填堤岸防洪。德清永福食用菌有限公司把河道中的淤泥与稻草、砻糠、动物粪便一起组成"有机套餐"，作为食用菌菇栽培生态肥料，该种"稻草—河泥—蘑菇—瓜菜基质"模式在提高当地农民增收的同时，能有效推动循环农业发展。该方式一年可利用河泥2000吨，培育双孢蘑菇170余吨，产值达 200 余万元。

四、数字赋能乡村美丽生态之公众护水场景

（一）概况

2018 年 "3.22" 世界水日，浙江省首个公众护水平台在美丽的下渚湖正式启用，平台注册人数已累计突破 5.4 万人，活跃度保持在 52.7% 以上。德清运用地理信息、新媒体等技术创新巡河众包模式，真正打破河长身份观念，降低参与门槛，创新了 "互联网 +" 治水模式，公众护水平台打破了以前河长巡河的身份局限、工作时间局限、信息互通局限。普通群众可利用碎片化时间，只要自己所处的位置有巡河任务发布，拿起手机点一点，前往指定河道，就可以随时随地参与到身边的治水、护水行动中，掀起了 "人人都是河长"，全民参与护水的新高潮。

（二）做法

第一，结合公众号等数字平台，吸引用户参与。群众通过手机扫一扫平台二维码或者搜索微信公众号 "德清公众护水平台"，可以免费注册成为 "河长"，进入主页点击巡河报告选项，查看自己所在位置附近是否有巡河任务。平台结合了滴滴打车和抢红包等互联网流行元素，由县治水办和各镇（街道）治水办发布任务，同时设置任务领取总次数，第一次领取所得绿币数量，绿币递减倍率和任务的开始及持续时间，每次发布任务后，越先完成巡河的用户获得的绿币数越高。平台设立 "英雄榜" 榜单，可以查看积分排名，包括英雄总榜、年度榜、月度榜，可以由一些指定的用户组成好友群，查看特定的用户群之间的排名。

第二，绿币兑换，激发全民护水热情。广大群众通过注册成为河长，

以巡河任务抢单获得一定生态绿币奖励的方式参与护水工作，同时以"绿币兑换绿色农产品""免担保低利率生态绿币贷"等激励举措不断跟进创新，充分激发了广大群众参与治水的积极性、主动性。比如：至绿币兑换点进行实物兑换，绿币与人民币的兑换比例为 10：1；德清五水共治办联合德清农商银行，以一定绿币数额兑换贷款额度、贷款利率、担保方式等方面的优惠。生态绿币场景如图 5-4 所示。

图5-4　生态绿币场景

绿币数量配比的信用贷款标准

① 100 枚绿币（益币）可享受按普惠签约利率下浮 3%；

② 300 枚绿币（益币）可享受按普惠签约利率下浮 5%；

③ 500 枚绿币（益币）可享受按普惠签约利率下浮 10%；

④ 800 枚绿币（益币）可享受按普惠签约利率下浮 15%；

⑤ 1200 枚绿币（益币）可享受按普惠签约利率下浮 20%；

⑥ 1600 枚绿币（益币）可享受按普惠签约利率下浮 25%；

⑦ 2000 枚绿币（益币）可享受按普惠签约利率下浮 30%。

第三，民间出资，完善自身造血功能。德清在建立公众护水平台的基础上，成立"公众护水基金"，热心公益企业可以捐赠绿币以支持五水共治工作；设立"公众护水奖"，用绿币方式奖励上一年度护水突出先进个人，这种民间出资奖百姓的方式，形成了公众参与、公众受益的良性循环。护水场景如图 5-5 所示。

图5-5　护水场景

（三）成效

德清形成了群众注册当河长、巡河赚绿币、绿币换产品、贷款助发展的社会新风尚。2018 年"生态绿币贷"授信放款 9 千多万元；在 2019 年世界水日当天，由德清凯瑞新材料有限公司首期出资的"公众护水奖"为 12 名镇（街道）"巡河冠军"给予每人 1 万绿币的奖励。这种方式能充分调动全民护水的热情，让老百姓真正享受到治水红利。2021 年，德清县政府与德清农产品电子商务有限公司以及德清农商银行签订了长期合作协议，使激励措施得到长期保障。截至 2022 年 8 月底，已累计发放绿币 1575 万余枚，兑换绿币 931 万余枚。

五、数字赋能乡村美丽生态之遥感监测场景

（一）概况

近年来，德清以土地制度改革为核心，承担了 100 多项省级以上改革试点，结出了"城乡一体化""农地入市""数字乡村一张图"等累累硕果。2018 年首届联合国世界地理信息大会又在德清召开，激发无人机航拍、三维地图、遥感影像、高精度定位等地理信息技术在德清县域的广泛运用。

（二）做法

德清县人民政府基于"数字乡村一张图"，发挥遥感监测全面、准确、可追溯的技术优势，解决当前人居环境、三改一拆、农地保护、水域监测等问题发现难、监管难、处置难等实际问题。

一是统一遥感监测数据，实现资源利用高效化。德清统一采集遥感监测数据，通过大数据分析、智能分析比对等，自动发现垃圾堆放、违章建筑、河流改道、粮食功能区变化等问题，将农业农村、民政、建设和水利等业务部门的遥感监测治理需求一次性采集，从"整体智治"的角度，节约资源成本、统筹乡村治理。

二是依托地理信息技术，实现乡村治理可视化。在"数字乡村一张图"上叠加遥感监测地图、电子地图、国土规划、三维实景地图以及各部门应用等 18 个图层，建成数字化"孪生"乡村，使遥感监测的问题点位一目了然，方便村干部直观了解问题点位的发生位置和产生问题的原因，前后对

比的遥感监测图像也为村干部工作提供了依据，使相关责任村民信服。

　　三是实施工单管理机制，解放基层干部的手脚。通过在"浙政钉"上线"工单管理"模块，将遥感监测发现的问题自动下发至村干部手中，减少了"部门—镇（街道）—村干部"的繁琐通知步骤。村干部通过"浙政钉"认领任务后进行现场确认和处置，最后将处理结果上传，经过镇（街道）的审核后完成处置流程。全流程线上可查，免去了村干部制作台账的麻烦，也减轻了镇（街道）和相关部门的督查考核工作量。遥感监测场景如图 5-6 所示。

图5-6　遥感监测场景

　　（三）成效

　　通过"遥感监测"功能，解决了传统基层治理中传统人力不足、事件覆盖不全、发现不够及时、流程不够规范等痛点难点，以"数字乡村一张图"为底板，运用"天空地"一体化遥感监测体系和人工智能分析，统一遥感地图服务，实现人居环境、治水拆违、私建墓地、粮食功能区等 9 类基层治理问题点位的全面发现和自动归集，并融入"浙政钉"2.0，构建"天上看、网上查、地上管"的闭环监管链条。2022 年已发现问题点位 10 万余个，发现时间缩减 86%，处置率达 95%。

第6章

数字赋能乡村治理的生活场景

第一节　数字赋能乡村美好生活

乡村居民生活质量的高低很大程度上取决于乡村公共服务水平能否满足乡村居民不断提升的需求。因此，推进数字赋能乡村美好生活，是将数字技术与乡村公共服务深度融合，在坚持以人民为中心的发展理念基础上，综合运用多种数字技术，广泛吸纳多元共治力量，解决好新发展格局下城与乡、质与量、供与需之间的平衡问题，保障好关乎乡村居民生活质量的基础教育、医疗服务、生态环境、公共文化等领域的公共服务供给，从而有效满足人民群众日益增长的服务需求，切实提高乡村民众的获得感、幸福感和安全感。

GIS、物联网、大数据、云计算、人工智能、区块链等新一代数字技术使乡村公共服务的供给方式、供给效率、供给质量更为丰富、高效、优质，为推动城乡公共服务均等化,弥合城乡差距提供了一条可循之路。在线教育、远程医疗等线上服务在数字技术不断推广与普及的基础之上,慢慢向乡村延伸发展,使得乡村民众有机会享受到城市地区的教育、医疗等基本公共服务,接触最先进的知识、技术等生产要素,在一定程度上缩小了城乡差距。[①]此外,数字技术能够赋能城乡公共服务资源的优化整合,通过对城乡公共服务总体需求与供给水平的智能研判,辅助政府实现城乡公共服务资源高效配置,达到城乡公共服务资源的动态平衡,使公共服务更加公平地面向全体人民群众。数字赋能乡村美好生活需要充分发挥数字技术的普惠效应。然而,数字时代的不均衡不充分问题在乡村表现得十分明显,部分弱势群体难以充分享受智能化服务带来的便利。

因此,在推进数字赋能乡村美好生活的过程中,政府要帮助广大乡村地区的人民群众跨越"数字鸿沟",让每个群体都享受到"数字红利"。总体而言,需要提高乡村居民的数字素养,进而提升其数字能力,使乡村居民进化为数字公民,让其能够充分适应以数字化方式革新的乡村公共服务供给,从中切身体会获得感、幸福感与安全感,如图 6-1 所示。

首先,要继续推进数字公共服务的普及性和便利程度,引导更多乡村弱势群体接触并使用数字技术,促进全员共享数字技术红利。其次,要考虑特殊群体的服务和使用需求,为其设计和提供更易使用的数字服务和产品,以降低其享用数字服务的门槛,避免弱势群体游离在公共服务的范畴之外。最后,要继续培育乡村居民对数字赋能乡村美好生活的理念认同和角色认同,通过设计和完善相关制度措施来建立广泛而有效的公民参与机制。

---

① 陈弘, 冯大洋. 数字赋能助推农村公共服务高质量发展: 思路与进路 [J]. 世界农业, 2022(2): 55-65.

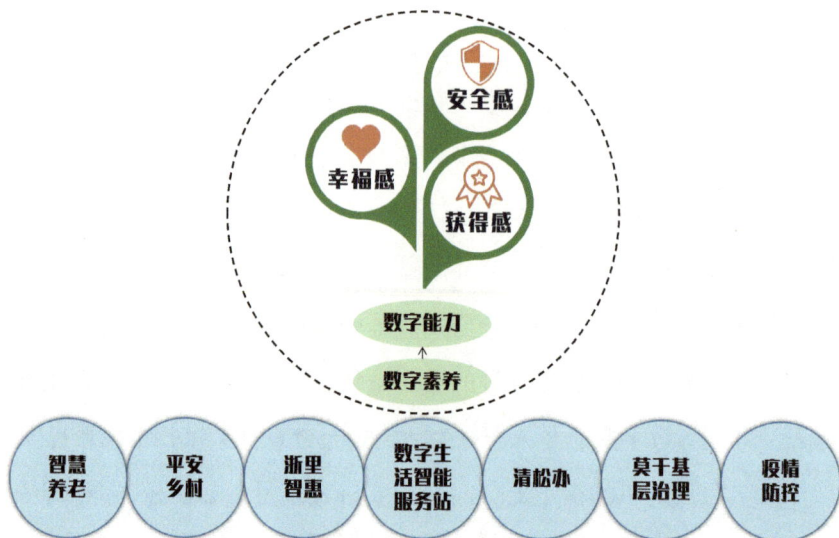

图6-1　数字赋能乡村美好生活的场景应用

德清在推进"数字乡村一张图"数字化平台落地实施的过程之中，通过智慧养老、平安乡村、浙里智惠、数字生活智能服务站、清松办、基层治理、疫情防控等多个场景的应用，有效解决了乡村居民在医疗服务、政务服务、生活服务等方面面临的问题，做出了较好的实践与探索。

第二节　数字赋能乡村美好生活的德清实践

一、数字赋能乡村美好生活之智慧养老场景

（一）概况

随着人口老龄化程度不断加深，高血压、糖尿病等慢性病及其并发症已成为影响群众健康的重要因素。近年来，德清卫生健康局不断深化县域医共体改革，以分级诊疗为主要目标，以"两慢病"全周期健康管理为突

破口，以"数字化改革"为契机，通过完善慢病管理政策体系和服务举措，建立居民"健康指数"评估工具，切实加强慢病管理服务，让慢性病患者享受到更多实惠。德清创新推出的"基层检查、上级诊断、AI 辅助"模式获评全国典型案例，数字医共体"住院服务一体办"升级项目列入浙江省数字化改革"揭榜挂帅"应用场景。

（二）做法

德清创新构建"12345"数字赋能老年人"两慢病"健康新服务框架：围绕"知健康、享健康、保健康"核心任务，面向患者、医生、医院、行政四类主体，重点通过健康画像、健康干预、健康响铃、分级协同、智慧监管 5 个核心应用，来实现县域内"两慢病"的精准、有效、可持续管理。

一是打造健康指数模型。通过居家智能健康穿戴设备实现智慧化筛查，并综合多维信息构建健康指数模型，实现县域内居民慢病风险情况量化评估。在此基础上，构建"健康人群—高危人群—慢病患者"全周期一体化健康管理闭环，加强患者自主管理，辅助医生精准管理，形成医患互动的医防融合数字化管理新模式。

二是打造分级协同体系。以健康指数为标尺，开展慢病分层管理、上下协作、医防融合、医患互动，全面推进分级诊疗。此外，通过云诊室智慧互联，赋能基层医疗、公共卫生、健康管理等服务，协同联动慢病分级管理服务流程，实现由县级专科医师远程掌控乡村慢病管理，打造未来智慧健康乡村。

三是打造健康监测通道。利用 5G、物联网、AI、可穿戴设备等技术，探索居家健康监测、穿戴设备等健康服务，将健康信息、紧急信息双向推送给患者和医生，促进医患交互关系，建立适老健康服务数字新体系，提升群众获得感、幸福感、安全感。

四是打造智慧慢病地图。构建智慧慢病地图，使治理侧全面掌握德清慢病管理的分布情况、危险因素、分层情况、服务情况、管理情况、就诊情况等多项信息，从而提升德清两慢病服务和管理的精准性、科学性和有效性。智慧养老场景如图 6-2 所示。

图6-2 智慧养老场景

（三）成效

第一，基层医疗就诊水平明显提升。"医""保"真正实现良性健康循环：2021 年"两慢病"患者在基层医疗机构门诊就诊率达到 72.5%，"两慢病"患者在县内二级医院门诊就诊率下降 4.1%，开展住院服务由 1 家卫生院增加到 8 家。2020 年德清医保基金支出呈负增长，同比减少 14.23%，医保基金结余 1.275 亿元，反哺医疗机构，2021 年 1—9 月再次奖励 9000 万元。

第二，慢病管理水平成效显著。"两慢病"管理水平成效显著：2021 年德清高血压患者规范管理率 71.15%，血压控制率 73.16%，糖尿病患者规范管理率 70.55%，血糖控制率 60.01%，平均期望寿命 83.02 岁，重大慢病过早死亡概率 7.72%。

二、数字赋能乡村美好生活之平安乡村场景

（一）概况

德清按照"产业兴旺、生态宜居、乡村文明、治理有效、生活富裕"的总要求，推进乡村振兴行动，加快打造乡村振兴先行区、标杆县。在此过程中，公安机关是护航经济社会发展的排头兵，也是维护社会大局稳定的主力军。近年来，德清公安机关紧紧围绕提升"三感三度"总目标，坚持"防为主、防为上"，全面升级立体化社会治安防控体系，深入推进乡村基层治理创新，持续净化治安环境、优化创业土壤。平安乡村建设为乡村"有效治理"和乡村振兴提供了基本保障。

（二）做法

构建网络化管理机制，完善社会治安防控体系。根据重点在"网"、核心在"算"的要求，紧紧围绕重点人、事、物、行业场所，创新建立"5+N"网格化管理机制，有效实现治安管理触角由村居向网格延伸，建立"内保、基础、管理"三张管控清单，全面实行风险隐患清单制、销号式管理，推进企事业单位主体责任落实工作，推行交警、特警、派出所街面警力"三警联动"运作模式。深化"135"反恐防暴圈建设，并结合 G20 峰会安保期间建立的 6 个省级公安检查站，有效完善封城控边措施，推进"雪亮工程"

建设联网应用工作，构建出一张涵盖乡镇村居、社会面、企事业单位、视频监控、卡口站点的治安防控网络。

数字赋能管理模式，推进乡村基层治理创新。通过居住出租房屋"旅馆式"管理、村级治保调解组织提升工程、企事业单位主体责任落实等方式实现乡村基层治理创新，为德清平安乡村建设提供了新的动力。如在全市率先实现居住出租房屋"旅馆式"管理全覆盖的基础上，紧紧抓住房源安全这一核心，建立居住出租房屋的准入机制和准入条件，大力推广运用手机 App 二维码管理模式，有效打造出以安全为核心，以"准入制"为保障的居住出租房屋"旅馆式"管理升级版，有力推进了流动人口居住环境的改善和安全，确保了居住出租房屋和流动人口信息采集的鲜活性。

打造多样化特色项目，加强群防群治力量建设。注重农村群防群治力量作用的发挥，深入推进"家园卫士＋"工程，积极打造"纳贤为士""纳商为士""纳学为士""纳长为士"等特色项目，不断深化治安防范共同体建设，努力为乡村振兴发展融入公安元素、输出公安力量。如洛舍派出所充分发挥东衡、砂村两村人大代表、返乡走亲干部人熟、地熟、情况熟的优势，有效化解疑难纠纷，实现共防共治。莫干派出所依托民宿行业协会，组建包括 500 余名民宿业主在内的民宿管理队伍，建立"周六清查"制度，推行民宿行业"准入制"管理，初步实现德清西部民宿行业的自管自律。舞阳派出所组织"家园卫士"，联合舞阳街道河长和"网格长"，开展太平港、湘溪港河道清理活动，有力净化了河道环境。

健全矛盾纠纷化解机制。围绕"小事不出村、大事不出镇、矛盾不上交"的目标，深入推进村级治保调解组织提升工程，德清 180 个村（社区）村级治保调解组织配备专职协管员 1112 名，调解实效进一步提升，纠纷类

报警明显减少，有效缓解了民警的调解、接处警工作压力。比如，新市镇
蔡界村村委加强治保会建设，创新打造红色连心小屋，创新推行莘莘学子奖、
保家卫国奖、快乐成长奖、健康长寿金、慰问金等的"三奖四金"惠民政策，
从源头上预防减少了矛盾问题的发生，赢得了村民的真心与真情回报。同时，
强化矛盾纠纷多元化解体系建设，鼓励德高望重的村居退休干部、老党员、
道德模范、新居民担任志愿者，涌现出了"钱大姐工作室""莫干老娘舅"
队伍、"夕阳红"老年协会等一批群众认可的调解组织，形成了"老书记"
工作法、"警调衔接"驻所调解工作法、"以新调新"工作法等一批品牌
工作法。平安乡村场景如图 6-3 所示。

图6-3　平安乡村场景

　　坚持"最多跑一次"承诺，预防影响平安乡村问题。按照省定"八统一"
要求，梳理出群众和企业办事事项 192 项，全部兑现"跑一次承诺"。主
动亮出公安"最多跑一次"清单和服务事项细则，持续推动公安户籍、交管、
出入境等服务功能向镇（街道）、村（社区）延伸，德清 12 个镇（街道）
实现非现场违法处理窗口全覆盖。同时，作为推进城乡一体化户籍制度改
革的主力军，始终坚持以人民为中心的发展思想，于 2017 年推动实现德清
33 项城乡差异化公共政策全面并轨，有效促进了社会公平公正，从源头上

预防和减少了影响平安乡村建设的深层次问题。

（三）成效

社会治安水平全面提升，居民幸福感增强。2015 年以来，德清农村地区总接警数、刑事警情数、治安警情数、火灾警情数逐年下降，特别是曾经群众反映强烈的入户夜盗、农村"两抢"、农村赌博等案件发案全面下降。调查显示，广大村居干部、人民群众和企业主普遍认为，近年来社会治安形势越来越好，文明乡风逐步树立，安全感和满意度明显增强，幸福指数显著提高。

三、数字赋能乡村美好生活之"浙里智惠"场景

（一）概况

"浙里智惠·基本公共服务"应用是贯彻习近平总书记关于"推进基本公共服务均等化"① 的政治需要，是执行国家首次出台的《基本公共服务标准》的关键手段，是高质量发展建设共同富裕示范区的重要载体，由浙江省发改委指导德清率先试点，主要通过无感提供 11 大类 95 项基本公共服务事项，实现基本公共服务精准匹配、智能推送、快速直达。按照数字社会应用场景落地到未来社区和未来乡村两大社会空间的要求，德清以浙江省首批未来乡村试点——五四村为载体，围绕"一统三化九场景"，率先推动基本公共服务在乡村落地应用。

（二）做法

德清围绕浙江省"三张清单"改革要求，主要做了三个方面的工作。

---

① 习近平主持召开中央财经委员会第五次会议 [EB/OL]. 新华社，(2019-08-26) [2022-10-26]. http://jhsjk.people.cn/article/31318325.

第一，以需求分析为起点，找准应用建设发力点。从服务侧看，存在村民对基本公共服务内容不知、流程不清、享受不便、获得感不强的问题；从治理侧看，乡村治理基本公共服务在供需精准匹配、服务优质均等、监测评估有效、政策兑现提升上还不够到位。

第二，以应用场景为切口，突出应用建设集成性。一是梳理核心业务，建立指标体系。总共拆解最小子任务 195 项，分层次建立指标项 267 个，涉及协同部门 30 个，确保各项子任务落实情况可监测、可评价。二是重塑业务流程，推进数据集成。依托一体化智能化公共数据平台，通过信息资源系统打通数源系统 42 个，汇集数据 18.6 亿条，明确业务流程，确定数据流向。三是推动综合集成，实现多跨应用。通过业务和数据集成，在"浙里办""浙政钉"两端形成事项闭环，实现基本公共服务智惠直达五四村每户家庭。

第三，以改革突破为支撑，推动应用建设体系化。在应用建设过程中，按照"事前定标准、事中抓兑现、事后重评价"的思路，建立了相关服务管理体系，初步形成了《应用建设指南》等 5 项制度规范。实现基本公共服务从"人找服务"向"服务找人"转变，从"单向线性"向"量化闭环"转变。"浙里智惠·基本公共服务"应用界面如图 6-4 所示。

图6-4 "浙里智惠·基本公共服务"应用界面

（三）成效

截至 2022 年 8 月，"浙里智惠·基本公共服务"应用已经覆盖五四村 77% 的村民，德清累计访问量 27 万余人次，并已纳入湖州市缩小城乡差距重大应用的子应用，在全市层面推广。该应用被央视新闻联播、人民网、新华社等主流媒体报道。2021 年，由中共中央机关刊物《求是》主管主办的《小康》杂志社发布的"2021 中国数字治理百佳县市"榜单出炉，德清以 96.47 分的高分位列全国第一。

"浙里智惠·基本公共服务"接通了"数字乡村一张图"。在"数字乡村一张图"上，可以看到基本公共服务的落地情况，村民的可享和已享服务情况等，包括群众满意度、服务清单、最新动态等，为村干部精准服务提供辅助决策。比如村民近期办理了失业登记，村干部第一时间获知后，可协助其办理失业保险金待遇，主动为其提供招聘信息等服务。与此同时，依托健康大脑部署的云诊室、云药房等基础设施，构建"数字慢病一张图"，实现村民"两慢病"可视化监管，用药到期提示、签约医生智能随访。"数字乡村一张图"上还可以看到村民的健康码和疫苗接种状况，为精准防疫提供有效支撑。此外，村干部可以在村情民意板块查看本村村民通过浙里智惠"惠小二"发起，并由基层治理四平台分发办理的服务诉求，实现诉求在线直达、迅速反馈，是"1612"体系在数字社会领域的有益探索。

四、数字赋能乡村美好生活之数字生活智能服务站场景

（一）概况

德清在浙江省委、省政府的坚强领导下，坚持以推动共同富裕为根本目标，充分发挥数字化改革牵引作用，为满足人民群众对数字赋能日常生活的更高要求，结合"未来社区""未来乡村"建设，通过政企合力，全力推进"数字生活智能服务站"建设（以下简称"服务站"），为民众提供数字商贸、数字健康、数字金融等数字生活一站式服务，更好地打造智慧便捷、普惠均衡的数字化服务体系和便民应用场景，让更多群众享受数字化带来的便利，切实打通便民服务"最后一公里"。

数字生活智能服务站的建设初衷主要来自三个方面的需求。第一，基于快递配送的需求。快递件每年快速增长，快递末端建设不完善成了快递发展的制约因素，快递配送不及时、丢件、取件难取件慢成了网购用户的突出痛点。第二，基于农产品流通的需求。基层快递站点运营不规范，导致新鲜蔬菜、水果保鲜条件以及农产品外销在一定程度上受到制约。第三，

基于数字生活的需求。随着人口老龄化的增长，村（社区）老人急需及时便利的数字服务，传统的家政服务已经跟不上时代发展的需要，线上线下相结合的数字服务成为村（社区）便民服务的刚需。

（二）做法

德清通过三个方面的工作开展，推进了对数字生活智能服务站的建设。

第一，要素集成，实现建设一盘棋。一是统筹规划、建好站。通过对德清 135 个村和 34 个社区的实地调研走访，根据群众的需求情况，在德清谋划建设 102 个服务站。县级层面成立"数字生活智能服务站项目"领导小组，统筹各镇（街道）负责本辖区内数字生活智能服务站建设工程，建设进度和落实情况将纳入镇（街道）年终考核，确保项目按时完成。2022年年初将该项工程列入县政府实施的重要民生实事项目。二是数字管理、搭好台。开发"同城配送系统"（数字配送大脑），主要由指挥中心和超算系统构成。指挥中心将所有的配送人员、车辆、货物、站点等数据通过北斗定位技术在后台"驾驶舱"进行全方位展示，并将整个配送过程进行数字化管理，可实时地发现整体配送过程中出现的快递丢失等问题。超算系统汇聚大量车载定位数据、视频数据、快递件数据、同城订单数据、人员数据、服务站数据，实现城市配送中车、货、站点的高效匹配，使车辆调度更合理，优化送接单路线，提升车辆利用率。

第二，服务集成，实现功能一体化。一是数字商贸、流通便利。一方面，依托"数字生活智能服务站"，农村的农产品实现足不出户外销，即村民只要用手机对着寄件二维码扫码付款，便完成寄件，当天发货。同时，在服务站设立了冷链微仓，解决采购的生鲜农产品难以长久存放的难题；另一方面，依托"数字生活智能服务站"，用户通过扫码下单，6 小时内就可以在"智慧服务站"拿到当地新鲜的农产品。群众线上购物更加便捷，取件难、取件慢等问题得到有效解决。二是数字健康、看病便捷。在服务站开辟了 24 小时健康云诊室和 24 小时一体机药房，群众不用出村（社区），就能跟村（社区）签约医生"面对面"问诊；哪怕是半夜，也能随时通过服务站配药一体机开药取药，老百姓在家门口就能享受到优质的医疗卫生服务。比如，五四村的张大伯在服务站的医疗椅上测出血压高，通过数据上传，医生及时诊断治疗，避免了病情的加剧。三是数字金融、轻松办理。银行、保险、移动、电力、水务等公司成了服务站点的合作伙伴，水电费、通讯业务、人身保险等相关的业务进入服务站点，村民不出村就可以办理相关业务。四是数字文旅、舒心畅游。文旅等相关部门将德清文化、旅游、吃住等场所信息传输到"服务站"，村民如果组织家庭游、集体游，服务站可以提供门票、餐厅预订等服务，还可以根据村民的需求进行推荐和特殊定制，村民还可获得各个场所的优惠价，节约开支。

　　第三，运营集成，实现发展持续化。一是运营市场化，企业发展有动力。引入德清城配物联科技有限公司（简称"城配物联"），建立"政府 + 运营商 + 服务商"机制，在项目建设资金投入方面，以运营商（"城配物联"）投入为主，政府投入为辅，采用政府搭台，企业唱戏，服务商助力（银行、保险及移动公司等）的模式，确保服务站真正具有自我造血功能，实现运营持续化，进一步调动企业积极性，发展更具生命力。例如，运营商开发"数新优选"小程序，吸引"新田农庄""水木江南"等德清 20 余个农产品生产企业上线，群众通过线上小程序下单购物，推动服务点形成商品交易的集聚地。目前，企业在作长远投入，基本不盈利，但从长远发展看，前景广阔。二是收益社会化，农民收入有保障。探索实施"共富合伙人"制度，向社会发出"共富合伙人"招募令，已有 56 人加入"共富合伙人"队伍，其中有物流企业、农业生产企业、创业者、技术能手等。这批"共富合伙人"将发挥各自优势，通过技术入股、创意合作、资金合作、协助招商等方式，与服务站点所在村（社区）开展合作，以此促进村（社区）经济发展，带动乡村振兴、共同富裕。例如，新安镇有家电商企业叫宅十堂，是专门做农产品加工销售的，成为"共富合伙人"之一后，充分借助服务站将老百姓的农产品进行了集中采购，并通过电商平台在服务站就能进行智能配送、线上销售等，实现了企业与农户的双赢。2022 年以来，该企业电商销售额达到了 2000 万元以上，带动周边村增收近 800 万元，真正实现共富共享。数字生活智能服务站场景如图 6-5 所示。

图6-5　数字生活智能服务站场景

（三）成效

截至 2022 年中旬，德清已经建成 41 个数字生活智能服务站，其余正在加快推进。对建成的项目，实施标准化管理，并有专人运维。接下来，德清将从三个方面继续推进。一是坚持高位推动。充分发挥领导小组作用，督促强化落实，2022 年 7 月底完成所有服务站点的点位选址，加快推进站点建设，确保 9 月底建成服务站点 100 个。到 2023 年底实现行政村村级服务站点全覆盖。二是坚持系统集成。强化群众需求导向，提高站点综合承载能力，进一步丰富数字商贸、数字金融等功能，通过站点的小切口来作大牵引，持续深化服务内容，丰富服务种类，为民众提供一体均衡无差别的一站式服务。三是坚持多方联动。全力整合政府和社会资源。以服务站点为引擎，深度连接运营场地、"共富合伙人"队伍、城乡居民等需求，进一步激活"让运营企业真受益、让群众得实惠"融合生态，持续深化"政府 + 运营商 + 服务商"三位一体的可持续的发展运营模式。

五、数字赋能乡村美好生活之"清松办"场景

（一）概况

德清县政务办围绕建设高质量发展建设共同富裕示范区、样板地工作，在政务服务领域深入探索共富标志性项目，创新推出老年人政务服务"清松办"，提升老年人群政务办事便利度。

（二）做法

第一，梳理老年人高频事项。会同公安、民政、医保等部门，对老年人最为关注、办件量较大的事项进行了梳理，共梳理出门诊费用报销、市内老年父母投靠子女落户、民政救助等 40 个高频老年人办事事项，并对上述事项的办事流程、办事指南等进行了优化。

第二，搭建线下服务体系。优化县级政务大厅、镇（街道）便民服务中心、村（社区）便民服务站的老年人办事体验，开设老年人服务"绿色通道"，由政务帮办员引导老年人全程办理相关事项，搭建并拓展了"1+13+170+N"线下服务平台。同时，进一步整合提升政务、民政、妇联、残联等多部门

的基层队伍，聚焦为老年人提供导办、帮办、代办政务服务，同时适当将服务范围拓宽至日常关爱、困难帮扶等领域。

第三，开发线上"清松办"模块。依托数字赋能，全面优化老年人线上办事的页面功能，简化布局，提升智能服务友好度、精准度和数据共享、分析及应用能力。罗列高频办理事项，提供多样化的办理途径以应对不同办理需求和能力的老年人，同时接入物联感知模块对独居老年人的安全状况进行监测。

（三）成效

第一，提高了老年人服务工作的全局统筹能力。老年人政务服务"清松办"驾驶舱及"数字乡村一张图"上实时呈现老年人办事、咨询、求助事件，充实了乡村治理老年群体基础数据，便于相关部门及基层队伍分类处理反馈情况，实现老年人办事结果"一图掌控"，如图6-6所示。

图6-6 "清松办"驾驶舱

第二，提升了老年人的办事效率和满意度。一是梳理老年人最为需要和关注的40个高频事项清单，将高频事项放在醒目位置，让老年人功能页面"一目了然"。二是优化老年人群办事入口，实现专区入口"扫码直达"、具体事项"语音直达"，引导老年群体"网办""掌办"，让老年人办事通道"一声（码）直达"。三是开发"清松帮办"模块（见图6-7），老年人可通过线上表单、线下帮办员电话和民政8812349老年人服务专线咨询或求助，诉求第一时间分配至附近帮办员处，实现老年人办事诉求"一键呼叫"。

图6-7　"清松办"应用界面

第三，提升了老年人的生活质量与安全性。利用数据共享，适时推出物联感知模块（如用水、用电信息等），实时监测独居、失能、精神异常等重点老年人居家状态，靠前服务"一联感知"。此外，线上线下一体结合，线下帮扶队伍可以及时根据系统平台对目标老年人进行精准关爱和帮扶，如图 6-8 所示。

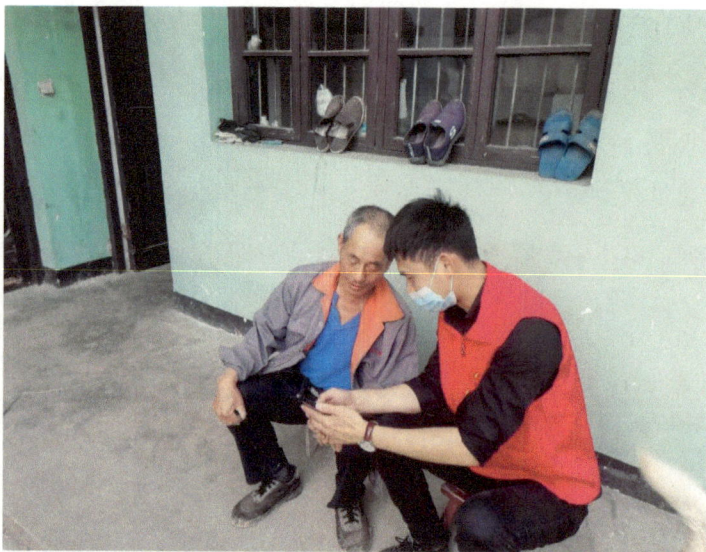

图6-8　志愿者帮扶独居老人

六、数字赋能乡村美好生活之莫干基层治理场景

（一）概况

党的十九届五中全会提出，建设数字中国，加快数字化发展。德清深入贯彻党中央以及省委、省政府的部署要求，在浙江省统一的数字化改革"1612"体系架构内，着眼基层治理的具体实战场景，聚焦问题导向和效果导向，莫干派出所研究开发建设基层"数字治理一张图"，实现了多跨场景下"一图展示、一图指挥、一图预警、一图响应"的数字化、社会化的基层治理新格局，着力推动基层治理触角更加灵敏，风险隐患预警更加及时，多元协同作战更加高效。

（二）做法

一是统筹构建"数字治理一张图"总体框架。莫干"数字治理一张图"架构为"1+5+N"，"1"即基层数字治理的应用驾驶舱，"5"即内含"基础智治、数字民生、生态警务、智慧交通、应急联动"五大模块，"N"即内含"景区人流分析预警、疫情防控预警推送、社情民意上报分析、矛盾纠纷预警提示、风险隐患排查预警、防火防汛预警分析、车流拥堵分析预警、山地救援预警处置"等板块算法模型，实现 N 条数据在线分析、实时预警，最终形成多跨场景下的"一图展示、一图指挥、一图预警、一图响应"。

二是建立完善基层治理架构体系和管理机制。从海量基础数据汇集，到图上精确实时预警，再到精准派单跟踪处置，需要建立完善的基层治理的架构体系，形成实战闭环管理。具体而言，莫干建立了"1+300"微网格前端感知体系，按照每个网格联 100 户，管 300 名群众的要求，以"网格+微信群"作为数据底座，构建"一张网、一片群"末端社群感知触角，细化最小单元乡村治理作战体系；莫干还建立了"1+1+1+N"五联双网融合机制，即每个网格内配套一个网格警长、一个网格辅警、一个网格长和若干网格员的网格模式，实行基础信息联采、重点人群联管、矛盾纠纷联调、安全隐患联治、防范服务联动的"五联双网融合"工作机制；最后，莫干建立"三三三"全流程闭环处置机制，即"一警三推送""三长联动""三位一体"的全流程闭环管理机制，确保辖区各类风险隐患逐一形成闭环，确保每条预警精准落地。莫干基层治理场景如图 6-9 所示。

图6-9　莫干基层治理场景

（三）成效

第一，基层治理的治理资源和治理能力得到整合。德清莫干在搭建"数字治理一张图"的过程中，按照"一图治理"的要求，紧紧围绕基层治理的实际应用场景，打通部门数据壁垒，将社会化数据汇聚、叠加，重置基层治理理念的指标体系和预警阈值，实现一次采集、数据共享，整体治理与专业化运作协同联动。

第二，基层治理的组织体系和闭环机制得到重塑。德清莫干在落实"数字治理一张图"的过程中，通过对基层治理网格体系和闭环机制的重塑，紧紧抓住"网格感知、数据融通、智慧预警、协同治理"四个关键环节，着力构建从"基层细胞"到"治理大脑"再到"精准派单"的智能化治理流程，解决了以往基层治理运行成本高、工作不闭环的问题，不断提升基层治理的"智治"水平。

第三，基层治理的问题识别和响应能力得到提升。德清莫干的"数字治理一张图"搭建了基层治理的实战场景，探索了数字治理在基础管理、民生服务、绿色生态、交通保畅、应急救援等多个不同应用场景，完善工作流程，压实工作责任，突出数据流和业务流协同，以数据流为依据，改造业务流，实现数据预警、指挥调度、研判决策、应急响应等功能一体，解决了原来基础数据分散、问题识别不畅、响应能力不高的问题，推动治理的精准化、高效能。

综上所述，通过数字化改革来实现莫干的"群众吹哨、数字预警、警长报到"基层治理新格局，2022 年，辖区刑事案件警情下降 71.45%，治安案件警情下降 62.86%，矛盾纠纷警情下降 30.18%，交通事故警情下降 26.39%，各类突出警情均呈现全面下降趋势，反诈指数、行政管理案件人均办理数等均排名全县第一，辖区警网协同基层治理能力明显提升，核心战斗能力稳步提升，核心考核居全县前列。

七、数字赋能乡村美好生活之疫情防控精密智控场景

（一）概况

自新冠疫情发生以来，德清坚决贯彻落实中央省市疫情防控部署，坚持动态清零，实战应用"精密智控平台"，量化闭环管理，打赢疫情阻击战。在"精密智控平台"的基础上，依托一体化智能化公共数据平台，聚焦"三率五快"，打造"数字防疫工具箱"，赋能流调溯源、三区管控、保通保畅、监测分析等场景，破解疫情防控中的痛点、难点问题，提高了工作效率，减轻了基层负担，取得了显著成效。

（二）做法与成效

德清在疫情防控精密智控上的做法与成效主要体现在五个方面。

第一，上线"湖州通"小程序，破解人员流动"溯源难"。重点关注人员聚集高风险场所，上线"湖州通"场所管理小程序，实现两码高效联查，推进场所、人员全量管理和异动实时预警。德清累计注册用户108万人，创建应用场所2万个，预警异常人员信息10万余次，闭环管理健康码异常人员2000余人。一是多码融合管控。将机关办公、企业厂区、农贸市场、商超、宾馆等18类人员聚集场所全部纳入"湖州通"场所码管理，构建"隐患可发现、风险可防控、责任可追究"的场所核验机制。通过整合健康码、行程码、疫苗接种、核酸检测等4个数据接口，快速实现"一屏双查"，精准掌握人员出入场所信息。二是异动实时预警。对高峰时段、活跃场所、两码状态等数据指标进行全量分析，对高危人群异动进行自动预警。一旦

发现红黄码人员，自动下发信息至镇（街道）比对核实。通过比对酒店、民宿扫码人员名单与实际入住人员名单，实时掌握重点场所防控措施的落实情况。三是一键精准溯源。在初阳吹哨的第一时间，通过后台数据快速查找确诊病例活动轨迹，一键导出密接、次密接和时空伴随者名单，有效避免瞒报、漏报、错报等情况发生，协助流调 11 批超 2 万人次，提高流调工作效率 80% 以上。

第二，打造 "畅行码" 智管工具，破解货车通行 "效率低"。针对 2022 年 4 月以来货车司机核酸检测阳性频发多发问题，上线货车 "畅行码"，实现 "一码简化核验流程、一键查询货运行程、一屏展示人员信息"，缩短卡口信息核验时间，提高入德货运司乘人员数字化管控效能。上线运行以来，累计注册报备企业 3800 余家，企业申请货车畅行码 57000 余次，闭环管理车辆 8500 余辆。一是简化核验流程。依托 "畅行码" 应用，形成 "企业报备—镇街审核—卡口核验" 全流程在线运行，大幅简化先前 "企业报备—联络员汇总—镇街审核—公安备案—卡口核验" 的线下工作流程，核验流程从 "五" 步简化至 "三" 步，从 "人员线下走" 到 "数据线上跑"，切实减轻企业及基层工作人员负担。二是提升通行效率。"畅行码" 应用后台与浙江省健康码、行程卡、疫苗接种、核酸检测等 4 个数据接口保持实时直连更新，通过大数据碰撞，实现货车司乘人员健康信息自动获取、同框展示，改变传统核验需提供纸质证明资料的方式，货车司乘人员只需现场出示一次 "畅行码"，即可完成核验，卡口现场查验信息平均用时由 15 分钟缩短至 1 分钟。三是压紧三方责任。压紧货主第一责任。货主企业提前报备货车及司乘人员信息，在线签署责任承诺书，货车出入卡口时负责接送并签到，形成闭环管理。压紧属地管理责任。镇街及时审核 "畅行码"申请，全面掌握辖区内货运司机情况和动态，第一时间跟进落实相关疫情防控和健康管理措施。压紧卡口核验责任。通过"畅行码"后台自动记录货车进入卡口功能，督促卡口人员严格核实人、车、码三者匹配情况，最大程度避免核查不严等情况发生。

第三，上架"点查查"检索组件，破解涉疫三区"辨识慢"。在疫情防控实战中，工作人员因不熟悉涉疫地区区划，难以快速精准地将重点人员驻留点位与三区范围建立空间关联。"点查查"实现了"驻留区域实时判、人员轨迹实时查"快速查询功能，有效破解涉疫三区"辨识慢"的痛点。自上架省组件超市以来，浙江省日均调用超 40 万次，并作为"浙政钉"优秀案例上报国办。一是数据融合助力"查得快"。依托省域空间治理数字化平台，利用省回流的涉疫三区数据，调用高德地图地名地址检索能力，使"三区"图斑实时动态呈现在地图上。通过涉疫三区区划和驻留地、出行地位置在地图上的空间叠加分析，实现快速精准判别，平均用时从 15 分钟缩减至 15 秒。二是精准规划助力"归得顺"。借助"点查查"的一键查询功能，根据出发地址，镇街道为返德人员提供绕开中高风险地区返回的合理路径规划，结合"畅行码"后台数据，提前告知县内各高速路口拥堵情况，实现精准回归。三是开放共享助力"用得好"。"点查查"充分利用"浙政钉"组织架构、用户体系以及容器能力，采用 SaaS 化方式发布至"浙政钉"省级工作台供浙江省用户共享使用，实现"一地创新、全省共享"，自发布以来全省各地调用超 2100 万次。

第四，开发"德清安"扫楼应用，理清人员底数"糊涂账"。查清人员底数是疫情防控最重要的基础性工作，但传统排摸方式存在"排查效率低、工作监督缺失、重点人员遗漏"等痛点问题。"德清安"扫楼应用的开发和推广，赋能人员排摸工作高质高效，实现了人员底数"出账—入账"的动态管理，截至 2022 年 8 月，已录入人员数据 19.3 万条。一是依托标准地名库，让"地"更精准。按照"全面、唯一、精确"要求，建设德清标准地名地址库。对县域内所有建筑物、构筑物的地名地址进行规范标定和全量采集，实现"应采尽采、不重不漏，一址一名、统一规范"，筑牢精准防疫的空间数据底座。二是依托数据共享融合，让"事"更高效。在标准地名地址库的基础上，打通健康码、户籍信息、流动人口等数据，通过"扫健康码"的方式，自动录入人员基本信息，大幅度提高排查工作效率。同时，加强 GIS 数据与公共数据的深度融合，将"地""房""人"的关联信息实时呈现在"数字乡村一张图"，实现了疫情防控可视化、精细化管理，如图 6-10 所示。三是依托微网格队伍，让"人"更暖心。按 1∶300比例配置，组建由民警、辅警、协管员、网格员组成的微网格队伍，细化最小作战单元，落实责任区包干，动态掌握网格内人员健康码、核酸检测、疫苗注射等信息。在日常人员排摸过程中，第一时间回应群众诉求，联动社工组织、"德清嫂"等志愿者团队，为疫情防控造成生活不便的家庭提供心理咨询、事项代办、物资配送等暖心服务。

图6-10　疫情防控精密智控场景

第五，部署疫情时报机器人，确保关键信息"即时达"。重点人员及时纳管是疫情防控的关键一环，为确保纳管任务精准直达，在"浙政钉"工作群中部署疫情时报机器人，有效解决由信息传递慢导致的重点人员纳管时效滞后问题。疫情时报机器人上线以来，累计推送 1000 余组数据，重点人员纳管时间从平均 14.14 小时提效至平均 0.96 小时。一是动态实时播报。之前，重点人员信息主要依靠人工进行整理分析，为确保时效性，工作人员不得不进行 24 小时轮值疲劳战。疫情时报机器人的应用，实现了数据整理和播报的全程自动化，设定以每小时为单位，定时对重点人员数据进行整理和播报，大大提高了工作的效率和数据的精准度。二是信息双重提醒。工作人员往往需要在"浙政钉"工作群和精密智控平台中反复切换查看重点人员信息，容易错漏重要信息。疫情时报机器人整合"钉消息"提醒功能，当出现新增下发或 2 小时内未处理情况时，自动发送应用内消息并以电话 DING 的方式告知具体属地工作人员，确保纳管任务第一时间传达到位。三是任务三色预警。依托省回流数据，疫情时报机器人将重点人员按照涉疫类型进行自动分类，1 小时内用红色表示，2 小时内用黑色表示，2 小时以上用蓝色表示，根据纳管滞后时长实行"红黑蓝"三色预警，形成数据分析报告，辅助工作人员合理安排处理管控任务的优先级。

第7章

乡村治理数字化的经验总结

第一节 "四治融合"内涵与实践

一、"四治融合"理论内涵

万物互联的数字时代已然开启，数字变革成为世界百年未有之大变局的重要变量。习近平总书记强调，"促进共同富裕，最艰巨最繁重的任务仍然在农村"[①]，数字乡村建设的推进为带动农村经济社会新发展，加快缩小城乡收入差距，促进城乡公共服务均等化，促进农村共同富裕创造了有利条件。以数字化改革撬动各领域各方面改革，已经成为当下和未来全面深化改革的战略选择。数字赋能乡村治理为乡村经济提升和社会治理下沉

---

① 习近平 . 扎实推动共同富裕 [EB/OL]. 求是 , (2021-10-15) [2022-10-26]. http://www.qstheory.cn/dukan/qs/2021-10-15/c_1127959365.htm.

提供了新的方法与机制。

数字赋能乡村治理不仅是技术变革，更是流程再造和新业态、新模式、新机制的催生和重构。以 GIS、物联网、大数据、云计算、人工智能、区块链等为代表的新一代数字技术加速向农业农村渗透，数字赋能成为重塑数字时代下乡村治理模式的加速器和催化器。数字赋能在实施初期依赖技术理性和制度理性。技术理性是将数字技术作为探索与改造乡村物理空间与社会空间的智慧结晶，有效发挥其工具属性，与数据要素共同成为驱动乡村经济社会发展的主要生产要素。制度理性是数字技术不断深化对乡村生产、生态、生活不同场景发展规律的系统认知，确立科学的发展理念，激发全社会的动能，形成科学理性的生产方式、生活方式和治理方式。这两种理性是数字赋能乡村治理的两大重要基石，尤其在技术本身中立[①]的前提下，制度理性应该成为技术理性的引导力量，使技术支撑价值理性的实现。价值理性即科技向善，通过引导技术的正面作用，充分释放数字红利，让乡村每一个主体都能够从数字技术中受惠，实现共同富裕。

技术理性、制度理性、价值理性这三个理性之间的关系总结了数字赋能乡村治理过程中的治理内涵，即在促进乡村振兴的价值导向之下，需要充分发挥数字技术的正向赋能作用，但同时又不能只依赖数字技术，还需要充分发挥制度的调和作用，解决技术无法覆盖的领域，规避技术可能引发的负面效应。因此，针对乡村治理场景中常见的治理方式，不仅需要充分以智治为支撑，更需要智治与德治、法治、自治相融合，形成"四治融合"的治理模式，如图 7-1 所示。

---

① Wu T. Network neutrality, broadband discrimination[J]. Journal on Telecommunications and High Technology Law, 2003, 2: 141–175.

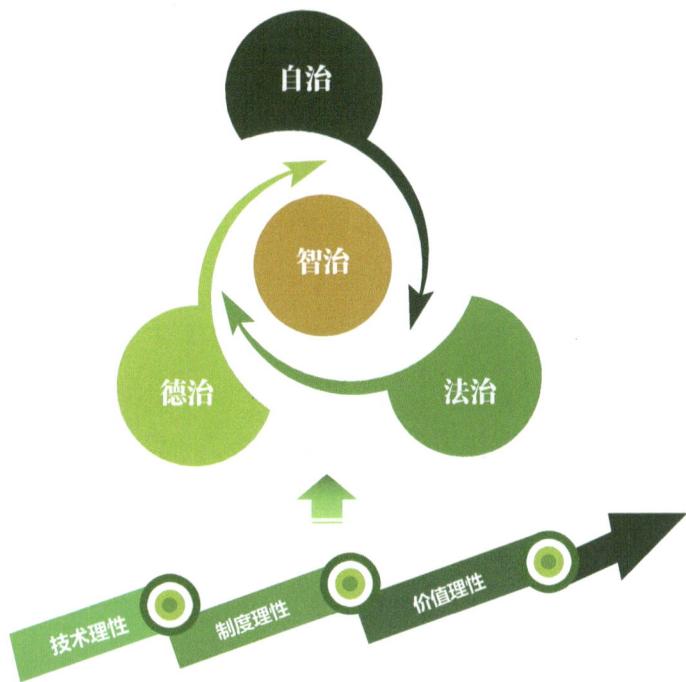

图7-1　"四治融合"治理模式

　　数字技术进步让政府治理模式经历了"管理—服务—治理—智治"四个阶段的演化。政府从以市场机制的方式管理社会公共事务，逐渐转变到协同公民和其他社会参与者，为公众提供更加便捷的服务；之后，在经济全球化时代的背景下又转向协同多元治理主体的网络化治理方式；最后，在大数据时代，政府通过大数据的现状判断与预测分析，将数据转化为科学决策，提升政府的决策力，实现"数智赋能"[①]。智治作为数字技术发展催生的新事物，其在乡村治理场景中的最大作用在于实现乡村治理效率的

① 陈国青, 任明, 卫强, 郭迅华, 易成. 数智赋能：信息系统研究的新跃迁 [J]. 管理世界 , 2022, 38(1): 180-196.

全面提升。通过把数字技术创新"最大变量"作为促进乡村治理现代化的"最大增量",持续丰富乡村管理、社会治理、人民生活等环节的智慧应用场景,逐步构建起系统化、数字化、精细化的乡村治理工作格局。

德治、法治、自治作为传统治理方式,在乡村治理过程中发挥着至关重要的作用。[①]其中,德治作为落点,发挥示范引导力,推动文明乡村建设。德治放大了向上向善的正向效应,通过加大社会公德、职业道德、家庭美德、个人品德建设,最大程度发挥出道德的感召教化作用,为优化乡村治理凝聚强大正能量;法治作为抓点,构筑机制融合力,推动平安乡村建设。法治发挥了法律法规的兜底作用,可以有效营造办事依法、遇事找法、解决问题用法、化解矛盾靠法的良好法治环境;自治作为重点,促进主体协同力,助推和谐乡村建设。自治强化了人民群众的主体地位,有效激活了乡村民众在乡村治理中的主导作用与推动作用。

以智治为支撑,德治、法治、自治相融合的治理模式反映了技术理性、制度理性与价值理性之间的辩证思想。智治是数字技术进步引发政府治理方式转变的产物。从技术理性的角度看,数字技术有效地化解和消除了乡村经济、生态、社会发展过程中所出现的诸多难题,充分彰显了技术作为强大的工具力量所带来的巨大能量场。如果技术带来的增长与效率没有和人的价值联系在一起,忽略了人民群众的利益,势必会带来很多社会问题,例如老年人对数字技术应用的适应问题等。制度理性是一种集体理性,它是指有利于实现社会利益的一种制度选择,即人类社会能够在多大程度上以何种方式通过集体努力来选择一个符合社会利益的良好制度。在乡村治

---

① 廖清梅,汤晓飞,陈将君."四治融合"探索乡村治理新模式 [J]. 当代广西 , 2020(15): 52–53.

理场景中，德治、法治、自治是实现制度理性的重要组成部分。长久以来，技术理性与价值理性分别站在"效率"与"公平"的天平两端，制度理性成为维持两者平衡的必要条件。从技术理性跨越到制度理性，需要正确处理好技术与制度的关系。制度建立和技术进步在长期中是互动的，呈螺旋式演进规律，是乡村经济、生态、社会发展不可或缺的两个重要动因。因此，既要重视数字技术引领、撬动、赋能现代化，更要重视制度的保障作用，通过制度自身的变革来促进技术在乡村治理场景中的创新实践，促进技术与制度在不断互动的良性循环中实现价值理性。

二、"四治融合"德清实践

德清紧紧抓住数字化改革的发展机遇，更加精准掌握群众急难愁盼的高频需求，聚焦大场景、小切口，推进经济社会等领域的制度重塑，以"数字乡村一张图"作为重要载体，在生产、生态、生活的不同场景中融合应用，不断完善以智治为支撑，智治与德治、法治、自治相融合的"四治融合"治理模式，力争率先呈现更智能、更美好、更温暖的乡村治理形态。

"数字乡村一张图"作为德清解决乡村基层治理问题的重要载体，紧紧围绕推进县域治理体系和治理能力现代化，以"整体智治"理念为引领，立足县域 200 余项省级以上改革试点的集成优势，以及地理信息、人工智能等数字产业发展的先行优势，率先开展了全域构建"数字乡村一张图"智治新模式的实践探索，取得了明显成效。"数字乡村一张图"以发现问题智能化、处理过程自动化、事件管理流程化为核心，面向政府部门、乡村基层组织、市场主体和村民等服务对象，通过构建"数字乡村一张图"实现数据整合汇集、辅助决策制定的重要功能。"数字乡村一张图"的使用者可通过平台的可视化界面，对各乡镇和村庄各领域运行现状的关键数据进行动态感知与科学决策，发挥了数字赋能乡村治理的成效。

数字技术要成为推动变革的力量，一定要与社会生产和人们生活需求相匹配。因此，随着乡村治理数字化发展深入推进，智治与德治、法治、自治之间作为相辅相成、相得益彰的关系，如何实现其相互融合、取长补短，将是对乡村管理者的重要考验，也是实现数字赋能乡村治理的立根之本，更是技术理性跨越到制度理性并最终实现价值理性的数字化思维与认知的落地实践。德清在"数字乡村一张图"落地实施的过程中，充分发挥了德治、法治、自治不可替代的互补作用，使得乡村的"整体智治"不仅有"理性"上的工具效率提高，更有"感性"上的社会价值实现。

（一）以"德治"激发乡村道德力量，通过营造良好氛围促进"智治"

浙江省作为高质量发展建设共同富裕示范区，共同富裕既包括经济的高质量发展，也包括文化文明的繁荣兴盛；既包括物质富裕，也包括精神富有。"数字乡村一张图"作为以数字赋能撬动乡村振兴的美丽图景，实现对乡村的"智治"离不开与"德治"相融合。对此，德清倾力打造"人有德行，如水至清"城市品牌的德清，精神富有建设走在前列。2021年底，德清在全国率先出台《县域精神富有评价指南》地方技术性规范，为县域精神富有建设成效提供科学合理的评价依据，致力于形成可复制、可推广的经验，为浙江省乃至全国的精神富有建设贡献"德清方案"。《县域精神富有评价指南》提出将精神富有发展成果可量化、可衡量；将"人有德行，如水至清"传统文化融入社会主义核心价值观，凝练形成"德文化"品牌，提振德清"精气神"；突出群众力量参与，老百姓自发设立"道德草根奖"，以"百姓设奖、奖励百姓"方式，有效激发民间道德力量；塑造"德者有得"义利文化,通过建设信用联合奖惩机制、志愿服务激励嘉许机制,开展诚信农产品、道德信贷等一系列工程,以适度物质机理推动精神文明提升。这些有益实践和成功经验,为德清在精神富有层面推动共同富裕探索了新路径,为构建量化闭环精神富有实现机制奠定了基础,为推动"数字乡村一张图"落地实施营造了良好的氛围,促进乡村整体智治。

（二）以"法治"整合乡村制度力量,通过整体制度重塑保障"智治"

德清认真贯彻落实中央和省市部署要求,统筹推进严格执法、公正司法、全民守法以及乡村基层治理创新等工作,全县法治氛围更加浓厚、法治服务更加惠民、治理体系更加完善,县域治理能力和水平持续提升。在"数字乡村一张图"落地实施过程中,德清出台了多项法律法规实现整体制度重塑,保障乡村整体智治。例如:为贯彻落实省市加快实现乡村数字化,建设智慧乡村的战略部署,依托大数据和地理信息服务,构建乡村治理数字化平台。对此,德清出台了《德清县构建乡村治理数字化平台助推数字乡村建设实施方案》,该方案的关键内容涉及如何构建"数字乡村一张图",如何打造数字生活服务平台,以及如何搭建治理决策中枢等。为了规定"数字乡村一张图"数字化平台建设的术语和定义、总则、信息平台体系、设计原则及要求、信息平台服务功能、数据接口、信息平台管理、平台系统运行环境要求等,德清出台了《"数字乡村一张图"数字化平台建设规范》,为"数字乡村一张图"统一了建设规范。

（三）以"自治"团结乡村协同力量,通过动员人民群众助力"智治"

乡村基层社会是一个开放的复杂系统,其暴露的乡村基层治理问题十分复杂,表现为多重嵌入性、动态演化性、宏观涌现性、主观建构性、自组织临界性以及不确定性等特征。基层治理是党联系服务群众的"最后一公里",也是人民群众感知公共服务效能和温度的"神经末梢"。德清在"数字乡村一张图"落地实施的过程中,跳脱了政府独自推进的传统思路,推进基层智治系统建设,充分动员广大基层人民群众的积极性、自发性与主动性,体系化破解基层治理难题,实现乡村治理广泛自治,助力乡村整体智治。例如,德清发布了《乡贤参事会建设和运行规范》地方标准,也是国内首个乡贤参事会建设和运行的地方标准。此外,德清鼓励德高望重的村居退休干部、老党员、道德模范、新居民等担任志愿者,涌现了一批获得群众认可的调解组织,如"钱大姐工作室""莫干老娘舅"等。

在数字赋能乡村治理的过程中,德清率先探索全域构建"数字乡村一张图"智治模式,充分发挥数字技术无缝连接、广泛渗透天然优势,以智治为支撑,融合德治、法治、自治,以数字赋能推动乡村治理从零碎化走向集成化、成熟化,助力实现治理效能最大化。德清坚持以人民为中心的发展思想,不断提升治理能力和治理现代化水平,提速打造共建共治共享的工作格局,让人民群众的获得感、幸福感、安全感更加充实、更有保障、更可持续,切实为优化基层社会治理提供更多"德清做法"。

第二节 乡村治理数字化建设经验

"数字乡村一张图"不仅仅是在乡村生产、生态、生活场景中的数字化技术集成应用,更是从技术理性跨越到制度理性,最后实现价值理性的数字化思维与认知。本书围绕德清 "数字乡村一张图"基层数字化改革的实践探索,总结提炼了涵盖"技术层—制度层—价值层"的乡村治理数字化建设经验,如图7-2所示。

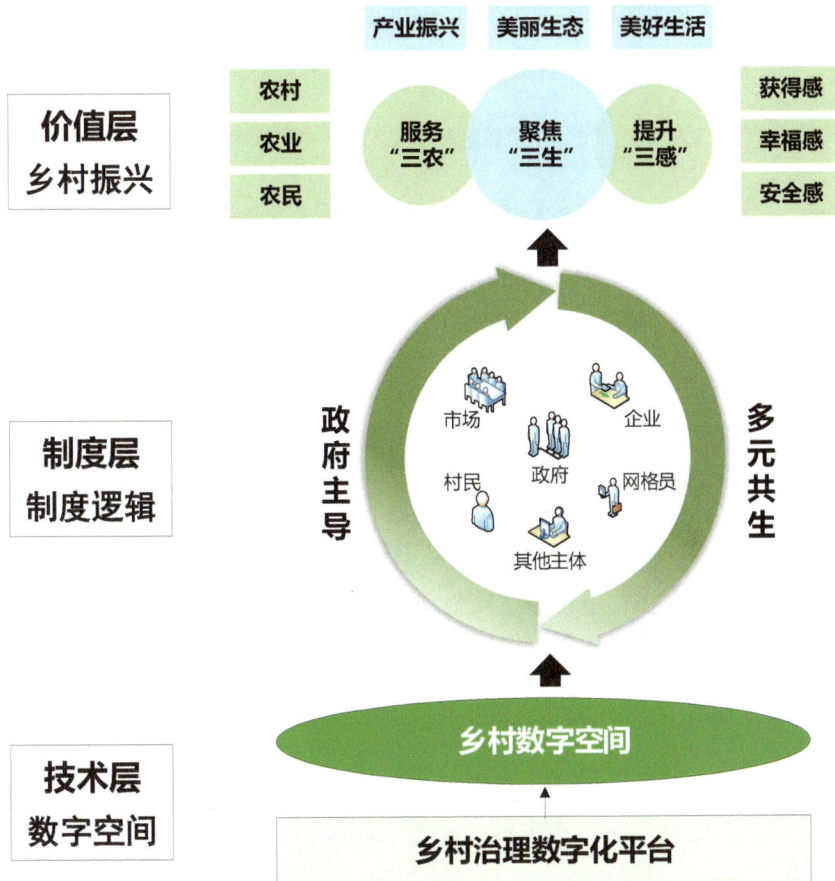

图7-2　乡村治理数字化建设经验

　　在技术层，基于乡村治理数字化平台，构建乡村数字空间，形成乡村
治理协同网络，以数字空间重塑与变革乡村物理空间和社会空间，充分发
挥数字技术的赋能价值，让乡村充分享受"数字红利"；在制度层，基于
构架的乡村数字空间，政府充分调动市场、企业、村民、网格员等多元主

体的参与积极性，主体之间进行有机组合，构建以政府主导、多元共生的协同共治格局；在价值层，基于多元主体协同共治，聚焦"三生"，服务"三农"，提升"三感"，奋力推进乡村振兴，实现全体人民共同富裕。

一、技术层：构建多源数据融合的数字空间

乡村治理作为一项系统公共工程，是影响政府整体治理能力的重要一环。过去的乡村基层问题一般相对静态，导致政府治理决策存在响应滞后、效率低下等局限性；同时，由于技术水平限制，过去的治理手段无法精准刻画乡村治理中各类行动主体的属性特征、行为模式以及行为主体之间的复杂关系，导致存在一刀切、条块分割等问题。随着数字技术的兴起和发展，乡村治理决策者综合运用物联网、大数据、云计算等数字技术，得以精准、动态地追踪不同乡村治理场景中各类治理要素的多元海量数据，从而能够更好地应对政府在乡村治理中所面临的复杂性、变异性、不确定性。

数字赋能乡村治理的重要前提是要形成系统的目标有序、结构有序、组织有序和功能有序。面对治理碎片化的难题，协同成为当前数字赋能乡村治理的重点与亮点。这不仅需要实现纵向的信息有效传递，同时也需要横向的数据互通共享，从而保障各级各部门之间、流程之间、功能之间的顺畅联结，呈现出联系紧密的乡村数字空间。本节以德清"数字乡村一张图"数字化平台接入的数据为基础，客观展现德清各乡镇（街道）的基层治理运行现状。德清乡村治理协同网络的全景呈现如图7-3所示。

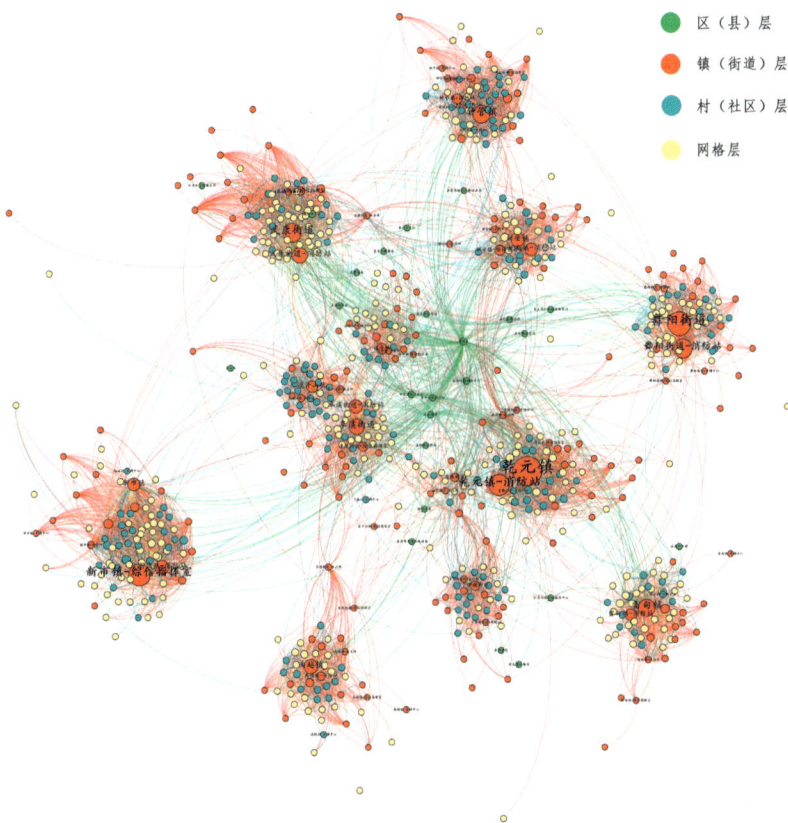

图7-3　德清乡村治理协同网络全景

　　具体而言,德清乡村治理协同网络呈现出"条抓块统、以块为主"的特点,各网络簇以乡镇(街道)为块,通过各级基层部门间的关系互动与资源协作,强化了基层政府在治理体系中发挥的统筹能力。乡村治理活动的复杂性使得大量工作无法依靠单一部门单独完成,特别是在任务下沉与权力下放过程中,需要各类不同职能部门参与协调。由此,基层政府组织与部门的"块"与"条"结合,共同形成了交叉立体、多方位的协同网络,基层组织结构与关系呈现出网络化形态^①，这也意味着一种协同高效的政府数字化协同治理体系正在形成。

德清乡村治理协同网络的动态演化（2020—2021）如图 7-4 所示。基于数字化平台实现协同形式的创新，不断促进新的网络结构与数字空间形成，具体表现在部门协同的关系强度增强，治理时间效率提升，事件办结数量增多等方面。

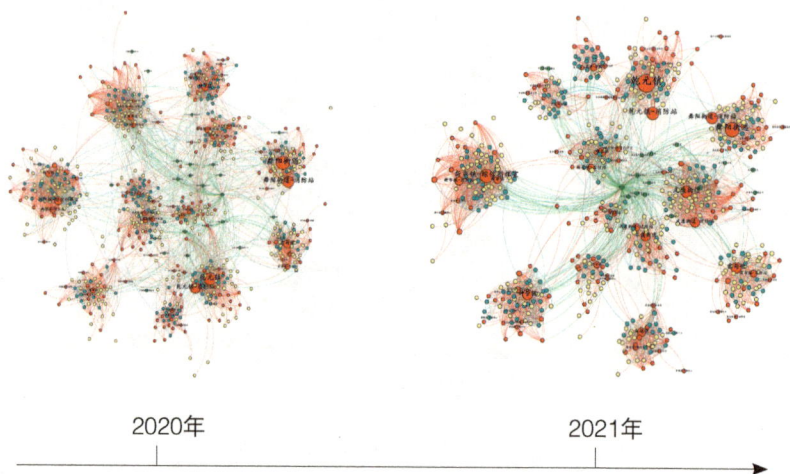

2020年   2021年

图7-4　德清乡村治理协同网络动态演化

因此，构建多源数据融合的数字空间，不断推动治理向协同共治转变，实现扁平化精准智治，有效破解治理困境。通过数字技术整合与多源多维数据共享，实现乡村基层业务数字化，促进跨层级、跨地域、跨系统、跨部门、跨业务协同治理，最终实现乡村基层整体智治与结构性变革。

---

① 曹海军，陈宇奇. 部门间协作网络的结构及影响因素——以 S 市市域社会治理现代化试点为例 []. 公共管理与政策评论，2022, 11(1): 145-156.

二、制度层：推进数据驱动的制度传导机制

　　数字技术如何在乡村治理场景中产生赋能作用，需要构建配套的制度保障。从理论上看，制度环境为社会系统中的个人和组织制定了规则和要求（产生制度压力），而个人和组织为了获得和维护其在社会系统中的合法性，就必须遵从这些规则和要求来行动（响应制度压力）；同时，个人和组织响应这些规则和要求的行动又会反过来作用于其所在的社会系统的制度环境。因此，社会系统的制度环境以及所处其中的个人和组织的响应行为构成了一个闭环，不断推动社会系统向着更好或者更坏的方向发展。对于政府而言，如何设计构建和调整优化社会系统的制度环境以得到期望的个体和组织的响应行为，以及如何使系统中个人和组织的响应行为更好地反哺制度环境，是关乎治理成败的重要方面。

　　由于技术水平的限制，传统乡村治理模式下的基层政府很难基于社会系统中个人和组织的属性特征和实时状态进行精准施策，同时也很难观测到制度环境改变后社会系统中个人和组织的行为方式发生了怎样的改变。也就是说，在这种治理模式下，政府无法有效控制社会系统中制度环境和乡村主体行为之间所形成的动态闭环，从而很难预测社会系统在治理场景中如何发展。而数字技术在解决这个问题方面具有先天优势：一方面，社会系统中个人和组织的海量行为数据可以通过物联网、GIS、大数据等技术手段进行动态采集和处理分析，使得政府能对社会系统中个人和组织的不同属性、不同状态以及他们的行为方式进行实时研判，从而进行有根据的精准决策；另一方面，个人和组织出于感知到的制度压力，对于制度环境的变化也会产生相应的属性特征、实时状态以及行为方式的改变，这些数

据可以通过技术手段采集捕捉并反馈到乡村治理数字化平台，对政府制定的治理决策进行调整优化或者重新设计。数字技术将政府加入社会系统的制度环境和主体响应的动态闭环之中，对乡村治理的输入（制度环境）和输出（主体响应）的中间过程（制度压力调节）形成了有效控制，从而相较传统治理模式提升了乡村治理的有效性。本节将这种基于乡村主体行为数据采集，并通过政府治理决策来精准、动态调整乡村主体制度压力的治理机制称为乡村基层社会制度压力传导机制，如图7-5所示。

图7-5　数据驱动的制度压力传导机制

　　德清在构建"数字乡村一张图"数字化平台的过程中，逐渐完善配套制度体系建设，促进了主体之间进行有机组合，构建以政府主导、多元共生的协同共治格局。比如，德清建立多元共治的评价机制，可将事件处理率、事件参与率、满意度评价等作为重要评价内容；依托督查、群众反馈等途径，建立有效的信息搜集机制；建立专项督察制度，推动"正向激励、倒逼压力和责任约束"的良性循环；建立乡村服务"好差评"制度，村民可通过数字生活服务平台移动端应用程序、"浙里办"、政务服务自助终端等多渠道对反映问题的处置、服务事项的办理进行评价，以及建立涵盖组织力、管控力、发展力、服务力、凝聚力五个方面的"强村指数"评价体系等。

因此，推进数据驱动的制度传导机制，可以从三个方面展开。第一，构建治理画像，实现精准施策。乡村基层政府应借助数字化平台整合多源数据，充分全面地识别各类乡村主体的属性特征和行为状态，构建乡村主体的"个性化"画像并进行横向、纵向的比较分析，从而科学合理地制定出更加精准的治理决策。这能够使每个参与的乡村主体都在适合的制度压力条件下做出更符合治理目标的行为决策，并在系统层面上实现治理绩效的提升。第二，构建量化闭环，调节制度压力。乡村基层政府应借助乡村治理数字化平台量化乡村主体行为，据此对不同主体有针对性地进行制度调整，使主体感知到相应的制度压力，从而激励其做出符合制度环境要求的行为响应。这既是让乡村主体不断提升行为合法合规程度的过程，也是让政府不断调整优化制度设计来更好地激励多元主体参与乡村治理的过程。第三，强化交互关系，促进同频共振。政府应充分发挥数字技术在拓展信息公开渠道，促进乡村主体间交互方面的赋能作用，通过制度设计拓展、强化主体之间的交互关系，在政府监管压力的基础上，培育社会规范压力和市场模仿压力，充分发挥多元主体的治理力量。

三、价值层：发挥数字赋能乡村治理的作用

乡村治理数字化是一项动态复杂的系统工程，面对实践过程中出现的现实问题，需要对工作思路进行创新与设计，有助于乡村治理工作能够有质量、有效率地有序进行。正如习近平总书记所言，全党务必充分认识新发展阶段做好"三农"工作的重要性和紧迫性，坚持把解决好"三农"问题作为全党工作重中之重，举全党全社会之力推动乡村振兴，促进农业高

质高效、乡村宜居宜业、农民富裕富足①。通过乡村治理数字化，深入赋能乡村"三生"场景，实现数字赋能乡村产业振兴、美丽生态与美好生活，提升乡村居民的获得感、幸福感和安全感。

面向生产场景，发挥数字赋能乡村产业振兴的作用。乡村资源零星分散，呈碎片化分布，导致无法发挥产品经营的规模效益。乡村资源提供的大多是初级产品、原材料，产业链条短、附加值低、创新性不足，需要通过对其进行整体规划和统筹协调，化零为整，形成规模优势。因此，需在具有整合资源、匹配市场供需、打通产业链的数字化平台上，构建产品交易市场和交易机制，优化资源配置效率，形成对产品市场的供需匹配，对乡村资源全产业链的延长与追溯。在横向层面放大规模经济效应、范围经济效应与网络经济效应，在纵向层面形成不同产业层次的良性整合互动，将乡村资源优势转化为经济优势。

面向生态场景，发挥数字赋能乡村美丽生态的作用。乡村大部分资源具有公共属性（例如河流、森林等），既要防止由于非排他性带来的搭便车效应，导致供给不足；更要防止资源过度利用带来的负外部性，酿成公地悲剧。在投入上，资源开发与保护需要完善生态补偿制度，充分发挥市场创新与社会自治，激发各主体内生驱动力，形成合力；在分配上，制定合理的报酬分配机制，让利于民，以涓滴效应、溢出效应实现"发展成果由人民共享"，提升数字红利的普惠性。因此，需借助数字技术，在乡村资源权责界定清晰和整体规划统筹的基础上，以数据要素畅通生态产品价

① 习近平. 坚持把解决好"三农"问题作为全党工作重中之重 举全党全社会之力推动乡村振兴 [EB/OL]. 求是, (2022-03-31) [2022-10-26]. http://www.qstheory.cn/dukan/qs/2022-03/31/c_1128515304.htm.

值实现链路，实现资源变资产成资本的价值转换。通过动态调节和制度重塑缩小不同群体、产业从业者之间的收入差距，打破数字壁垒，消除数字鸿沟，共享数字红利，从不平衡不充分转向多主体"均衡发展"，促进协同治理，实现共同富裕。

面向生活场景，发挥数字赋能乡村美好生活的作用。乡村主体多元，要提高乡村主体的获得感、幸福感与安全感，就需要充分激活多元主体的共同参与，建构起有为政府、有效市场、有机社会的治理共同体。通过政企协作的方式，发挥市场主体的主观能动性，加快实现数字化与乡村规划、乡村经营、乡村环境、乡村服务、乡村治理等融合发展，提升乡村治理体系与治理能力现代化，推动数字乡村建设和乡村振兴走在前列。此外，引导村民逐步接受、积极参与乡村治理数字化，加强乡村基层干部有关数字技术应用的业务培训，培养和提高群众与乡村干部的数字素养，提升其数字能力，以应对乡村治理数字化平台的运营维护问题。

全面推进乡村振兴，是"三农"工作重心的历史性转移。实现农业农村现代化是乡村振兴战略的总目标。因此，广大乡村管理者需要因地制宜地针对乡村自身的特点，统筹运用数字化技术、数字化思维、数字化认知，让乡村治理数字化成为推进共同富裕、实现人与自然和谐发展的支撑点和发力点。在生产场景中，需要通过集成整合分散的乡村资源，形成产业规模，实现市场化运营；在生态场景中，正确认识到乡村的生态优势，在不破坏生态环境的前提之下将其转化为经济优势，绿水青山就是金山银山；在生活场景中，激发主体共建、共治、共享的内生动力，实现多方主体协同化治理。

展　望

习近平总书记指出："从中华民族伟大复兴战略全局看，民族要复兴，乡村必振兴。"[①] 万千气象遍人间，数字乡村建设绘就乡村振兴高质量发展新蓝图。一场围绕农业农村现代化开展的大规模乡村"数字革命"正在全面展开。《数字乡村发展战略纲要》提出 "产业兴旺、生态宜居、乡风文明、治理有效、生活富裕"，勾勒出未来乡村更加壮美的新图景。面向新时代新征程，要发挥科技创新的扩散效应、信息知识的溢出效应、数字红利的普惠效应，加快推进农业农村现代化。

从数字技术应用到数字赋能乡村治理，是一场涉及经济社会发展全局、涵盖生产力到生产关系的全方位变革。数字赋能的重要意义是解决矛盾、塑造变革，是站在战略和全局的高度，着眼提升农业农村数字化、网络化、智能化发展水平，促进农业全面升级、农村全面进步、农民全面发展。数

① 习近平 . 坚持把解决好"三农"问题作为全党工作重中之重 举全党全社会之力推动乡村振兴 [EB/OL]. 求是 , (2022−03−31) [2022−10−26]. http://www.qstheory.cn/dukan/qs/2022−03/31/c_1128515304.htm.

字赋能乡村治理在认知体系上抓住数字赋能复杂系统特征，从技术理性跨越到制度理性，最后实现价值理性，加快乡村治理数字化发展，实现从主体数字赋能向社会数字赋能跃升，推进乡村振兴战略。

随着数字乡村建设深入推进，农业农村大数据平台、乡村治理数字化加速建设，一些贴近农民现实需要的数字化应用场景不断涌现，极大提升了乡村治理水平。数字赋能乡村治理需要进一步形成持续迭代闭环，从而实现由量变到质变的升华。"数字乡村一张图"的德清实践充分体现了数字化对社会主体和业务客体的价值，具体表现为：

一方面，重视数字化与生活习俗的融合，充分体现数字化对社会主体的价值。乡村数字化应用不在于技术先进性，而在于是否为人民群众所喜闻乐见。德清的农村生活垃圾智能监管平台便是一个很好的例子。起初，与别的县（市、区）类似，德清对生活垃圾分类数字化监管存在数据不全、环节复杂、监管滞后、效率低下等问题。但是，德清基于"数字乡村一张图"打造生活垃圾智能监管平台，用了"三板斧"解决这一难题，让数字技术应用"飞入寻常百姓家"。第一步，通过布置物联感知设备实现垃圾分类的源头数据采集，让垃圾分类数字化进入村民家门口；第二步，平台上线农户垃圾分类模块、垃圾中转接驳站模块和末端处置点监管模块，实现了农村生活垃圾全过程管理，由被动地人工提取监管数据转为主动分析应用监管数据，实现基于数据变化趋势分析结果发现异常情况并做出处理的闭环；第三步，建立村自动信息公示大屏，结合积分奖励制度规范生活垃圾分类行为，通过村民间的"比学赶超"推进环境卫生村民自治。从中我们可以看出，数字化应用的迭代升级不仅提升了政府治理绩效，更是通过改变人口素质、风俗习惯改善了基层环境面貌，引发人民生活方式变革。数字化应用乡村落地，需要结合制度设计，鼓励更多民众和基层管理者表达需求、主动参与治理，使得各类社会主体能够充分感受到数字化所带来的切实价值。

另一方面，重视数字化与业务发展的融合，充分体现数字化对业务客体的价值。数字化在很多时候被理解为处理效率的提升。但是，效率绩效无法代替发展绩效。只有跳出业务孤岛，以发展的眼光来看待数字化应用，才能真正实现数字化改革的目标。在宅基地改革、民宿规划、渣土管理、遥感监测等多种涉及项目规划的场景应用中，德清在"数字乡村一张图"上整合的"项目预评价业务系统"做了很好的尝试。传统项目落地前，存在报送材料复杂、审批部门多、审核周期长等问题。"多规合一"和"最多跑一次"改革以后，审批效率有了大幅度提升，但是各部门仍然难以就项目发展达成共识。德清基于空间治理数字化平台打造了规划协同子平台，借助矢量图与栅格材料，运用 GIS 技术，将蓝图从纸面落到地面；基于空间治理数字化平台统一空间坐标，汇集部门各类规划信息，一键生成项目预评价结果，并按招商引资、工业投标与政府投资项目三个方向建立了辅助决策模型。各部门可以充分参考辅助模型的预评价结果，协同判断项目的可持续发展潜力；每个项目的评估结果可跟踪、可比较。这种协同决策模式已经初具"大成集智"的特点，极大提高基层决策者规划管理的科学性与前瞻性，从而形成持续使用和迭代的内驱力。

随着乡村治理数字化深入推进，加强体系化规范化建设，找准重大需求、谋划多跨场景、推进制度重塑，在现代化跑道上推动共同富裕示范区建设，逐渐形成与数字变革时代相适应的生产方式、生活方式、治理方式。正如习近平总书记所言："随着我们第一个百年奋斗目标的实现，第二个百年奋斗目标的开启，乡村振兴的要素会更加活跃，那里仍然是一片大有可为的土地、希望的田野。"①

① 总书记的"三农"情怀[EB/OL]. 人民日报，(2022-09-22) [2022-10-26]. http://politics.people. com.cn/n1/ 2022/0922/c1001-32531294.html.

附　录

德清乡村治理数字化发展大事记（2019—2022）

时间	大事记
2019 年 2 月	德清大数据创新中心在地理信息小镇正式启用，入驻一批数字企业，为数字乡村建设提供技术支持
2019 年 3 月	德清城市大脑入选数字浙江 2019 年重大项目，为乡村治理数据归集共享、计算能力支撑、安全建设等奠定基础
2019 年 5 月	《德清县加快政府数字化转型建设现代智慧城市实施方案》发布，明确"一图全面感知、一号走遍德清、一键可知全局、一体运行联动、一屏智享生活、一站创新创业"六大目标
2019 年 7 月	以乡村数字化治理为契入点，与浙大、中科大合作共建大数据实验室、大数据实训基地
2019 年 10 月	五四村探索"一图感知"乡村智治模式获省政府充分肯定，乡村治理数字化平台的建设，尤其是"数字乡村一张图"成为浙江省典型示范
2019 年 11 月	德清数据智能运营中心建成一周年，集中展示了政府数字化转型、智慧城市建设、数字乡村建设发展成果
2020 年 1 月	新冠防疫期间，德清依托"数字乡村一张图"在浙江省首创"健康码＋地理信息＋网格化"联动管理机制，联合推出在线"口罩预约""企业复工""德清人买德清菜""德清通"（迭代为"湖州通"在全市推广）等系列应用，数字抗疫工作入选省《领跑者》
2020 年 5 月	承办 2020 浙江省数据开放创新大赛·德清地理信息专场赛暨"德清杯"长三角空天信息数据开放创新大赛，围绕德清"数字乡村一张图"的应用场景展开，探索聚焦空间治理、生态环境、数字农业、交通出行 4 大赛题领域的数据开放应用
2020 年 6 月	浙江省数字乡村建设现场会在德清召开，德清县入选国家数字乡村首批试点地区

时间	大事记
2020 年 8 月	"我德清"一站式数字生活服务平台启用，陆续推出 60 多项服务，累计惠及用户 30.6 万人，活动参与人数超百万人次
2020 年 9 月	修订《德清县公共数据管理办法》，健全公共数据管理制度，提升公共数据共享和开放水平，推动数字乡村建设数据共享开放
2020 年 10 月	《"数字乡村一张图"数字化平台建设规范》和《乡村数字化治理指南》两项县级地方标准规范发布，并在全国多地复制推广，相关做法入选 2020 年全国数字乡村建设典型案例
2020 年 11 月	2020 年德清城市大脑发布会召开，平台归集 14 亿条县级数据，建成数字乡村、地名地址等 13 个专题库，数据共享需求满足率达 96.5%。基本实现数字化基础设施一体化建设、智慧应用一体化建管、公共数据一体化共享开放、数据和网络安全一体化防护
2020 年 12 月	乡村治理数字化平台上榜浙江省政府数字化转型观星台优秀应用
2021 年 4 月	"数字乡村一张图"相关成果亮相第四届数字中国建设峰会
2021 年 6 月	德清县乡村全域数字化治理体系建设项目入选联合国践行 2030 可持续发展优秀范例，并在联合国官网发布
2021 年 7 月	《"数字乡村一张图"遥感监测助力乡村智治》作为浙江省唯一案例纳入国家《数字乡村建设指南 1.0》
2021 年 9 月	《德清县数字政府建设"十四五"规划》正式发布，为数字乡村建设提供方向路径
	基于"数字乡村一张图"数字孪生技术建设成果，化工园区安全管理入选浙江省首批数字孪生试点应用，初步实现对德清化工企业不安全行为及状态的实时监测、预警处置
2021 年 12 月	德清"浙里基本公共服务应用"（五四未来乡村试点）获评浙江省数字化改革第二批最佳应用
	德清入选"2021 中国数字治理百佳县市"
2022 年 2 月	结合县城乡风貌整治提升行动方案，统筹考虑绿色生态旅游发展样板区要争创新时代富春山居图县域样板区，五四村、宋市村、高峰村、何村村、南路村、四合村六个村列入浙江省第二批未来乡村建设试点
2022 年 5 月	北京大学新农村发展研究院发布《县域数字乡村指数报告》，德清位列全国百强县第一
2022 年 7 月	全国数字乡村建设现场推进会在德清召开，数字乡村德清经验全面推广
2022 年 11 月	浙江省数字乡村建设规范发布

德清乡村治理数字化相关规范

时间	规范
2018 年 3 月	《德清县智能农业发展三年行动计划（2018—2020 年）》
2019 年 12 月	《德清县构建乡村治理数字化平台助推数字乡村建设实施方案》
2020 年 5 月	《德清县关于开展数字生活新服务行动的实施方案》
2020 年 7 月	《德清县数字乡村一张图提档扩面推进方案》
2020 年 10 月	《"数字乡村一张图"数字化平台建设规范》
	《乡村数字化治理指南》
2020 年 11 月	《德清县全域数字化治理试验区建设总体方案》
2021 年 2 月	《德清县人民政府关于印发德清县电子商务扶持政策的通知》
2021 年 3 月	《联合国践行 2030 可持续发展优秀范例——德清县乡村全域数字化治理体系建设项目》
2021 年 7 月	《德清县地理信息遥感数据多场景应用管理暂行办法》
	《关于加快推进农业高质量发展的若干政策意见（试行）实施办法》
2021 年 9 月	《德清县新时代美丽乡村建设五年行动计划（2021—2025 年）》
2021 年 10 月	《德清县数字乡村建设"十四五"规划》
2022 年 5 月	《德清县公共数据管理办法（试行）》

ICS 35.240.99
L 67

DB330521

德 清 县 地 方 标 准 规 范

DB330521/T 65-2020

"数字乡村一张图"数字化平台建设规范

2020-10-13 发布 　　　　　　　　　　　　　2020-12-01 实施

德清县市场监督管理局 发 布

DB330521/T 65-2020

前　言

本文件按照 GB/T 1.1-2020 给出的规则起草。

本文件由德清县大数据发展管理局、德清县农业农村局提出。

本文件由德清县大数据发展管理局归口。

本文件主要起草单位：德清县大数据发展管理局、德清县农业农村局。

本文件主要起草人：应聿央、赵方正、王卓丞、张玮、姚建强、张东升。

DB330521/T 65-2020

"数字乡村一张图"数字化平台建设规范

1　范围

本文件规定了"数字乡村一张图"数字化平台建设的术语和定义、总则、信息平台体系、设计原则及要求、信息平台服务功能、数据接口、信息平台管理、平台系统运行环境要求、持续改进。

本文件适用于指导"数字乡村一张图"数字化平台的建设。

2　规范性引用文件

下列文件中的内容通过文中的规范性引用而构成本文件必不可少的条款。其中，注日期的引用文件，仅该日期对应的版本适用于本文件；不注日期的引用文件，其最新版本（包括所有的修改单）适用于本文件。

GB/T 13923　　基础地理信息要素分类与代码
GB/T 13989　　国家基本比例尺地形图分幅和编号
GB/T 18521　　地名分类与类别代码编制规则
GB/T 20269　　信息安全技术　信息系统安全管理要求
GB/T 20270　　信息安全技术　网络基础安全技术要求
GB/T 20271　　信息安全技术　信息系统通用安全技术要求
GB/T 20272　　信息安全技术　操作系统安全技术要求
GB/T 20273　　信息安全技术　数据库管理系统安全技术要求
GB/T 21010　　土地利用现状分类
GB 21139　　　基础地理信息标准数据基本规定
GB/T 25529　　地理信息分类与编码规则
CH/Z 9010　　 地理信息公共服务平台　地理实体与地名地址数据规范
DB33/T 2156　　地名地址数据采集入库规范

3　术语和定义

下列术语和定义适用本文件。

3.1

数字乡村一张图

基于 GIS（地理信息系统）和大数据技术，引入数字孪生技术，打造多场景、多业务协同、动态交互的数字乡村全景图。

3.2

乡村国土空间规划

在特定的乡村区域、特定领域，为体现特定功能，对空间开发保护利用做出的专门安排，是涉及空间利用的专项规划。

3.3

DB330521/T 65-2020

幸福指数

从垃圾分类、环境整治、美丽庭院、村规民约、道德储蓄、安全指数等方面综合衡量幸福感具体程度的主观指标数值。

3.4

倾斜摄影测量

通过在同一飞行平台上搭载多台传感器，同时从垂直、倾斜等不同角度采集影像，获取完整准确的地面物体信息。

4　总则

以实施乡村振兴战略为统领，构建覆盖乡村规划、乡村经营、乡村环境、乡村服务、乡村治理等方面的"数字乡村一张图"数字化平台，推动物联网、地理信息、智能设备等现代信息技术与农村生产、生活、生态的深度融合，深化农业农村大数据创新应用，实现乡村治理一图感知、一屏管理。

5　信息平台体系

5.1　体系框架

"数字乡村一张图"数字化平台的体系总体架构主要分为平台基础层、服务支持层和应用扩展层。

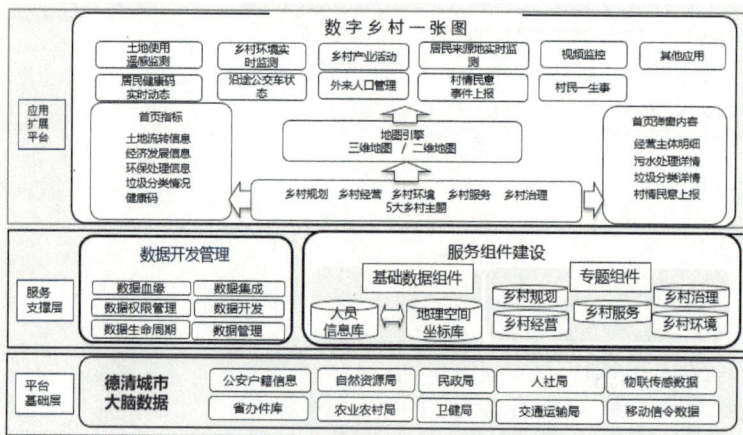

图1　信息平台体系总体架构图

5.2　平台基础层

平台基础层为"数字乡村一张图"数字化平台提供必需的基础设施，包括物联感知设备、各委办局业务系统数据、第三方厂家业务系统数据以及其他基本软硬件设备和系统数据，满足服务支持层和应用扩展层正常运行的需求。

5.3 服务支持层

服务支持层是为应用扩展层提供所需的部署、集成支持系统，以及提供"数字乡村一张图"数字化平台管理所需的服务软件，包括数据中台内的数据集成、数据清洗、数据归集、本地人员身份基础信息，地名地址库信息，以及其他专题数据库。

5.4 应用扩展层

应用扩展层是为"数字乡村一张图"数字化平台提供各类业务功能系统与接口，面向政府部门、乡村基层组织、市场主体和村民等服务对象，包括乡村规划、乡村经营、乡村环境、乡村服务、乡村治理等应用领域。

6 设计原则及要求

6.1 安全性

"数字乡村一张图"数字化平台的设计应考虑系统安全、设备安全和数据安全。

6.2 可靠性和稳定性

"数字乡村一张图"数字化平台应具有较高的可靠性，关键设备和关键部件应用冗余配置，提供人工、自动数据备份方案。

6.3 可扩展性

"数字乡村一张图"数字化平台应具有良好的可扩展性，应提供与其他信息管理系统的集成接口，便于各种信息系统的接入。各种设备应具有可升级的能力，以适应将来业务发展的需要。

7 信息平台服务功能

7.1 平台功能配置

"数字乡村一张图"数字化平台应配置但不限于以下功能模块：
a) 乡村规划模块；
b) 乡村经营模块；
c) 乡村环境模块；
d) 乡村服务模块；
e) 乡村治理模块。

7.2 乡村规划

7.2.1 以电子地图、遥感影像、三维实景地图等空间数据为基底，叠加自然资源、农业、水利、交通等部门数据，构建数字乡村底图，建成数字孪生乡村模型，直观地呈现自然风貌、村庄变迁和生产力布局等。

7.2.2 数字乡村底图应符合 GB/T 13989 的规定，地理信息分类应符合 GB/T 13923、GB/T 25529 的规定，土地利用现状分类应符合 GB/T 21010 的规定。

7.2.3 乡村规划功能模块可包括以下功能：

a）空间规划：展示乡村国土空间规划，包括生态用地、农业用地、村庄建设用地、经营性建设用地等；

b）空间现状：展示乡村国土空间现状，包括生态用地、农业用地、村庄建设用地、经营性建设用地等；

c）遥感监测：利用地理信息遥感技术监测山、水、林、田、湖、建筑物等变化情况。

7.3　乡村经营

7.3.1　在宅基地用益物权和集体资产股权确权的基础上，综合分析全村农业企业、家庭农场、乡村民宿和合作社等经营主体的基本情况、分布、营收、土地流转面积、就业人数等数据，实时掌握全村村民生产总值。

7.3.2　乡村经营功能模块可包括以下功能：

a）农业企业：展示乡村各类农业企业的名称、位置、经营情况等信息；

b）家庭农场：展示乡村各类家庭农场的名称、经营类型、位置、经营情况等信息；

c）乡村民宿：展示乡村民宿的名称、位置、经营类型、经营情况、照片等信息；

d）合作社：展示乡村各类合作社的名称、位置、经营情况等信息；

e）农地入市：展示乡村的各类土地交易情况等信息；

f）智慧园区：显示接入园区的门禁、灯杆、安全充电桩、井盖、视频监控等物联网实时数据；

g）智慧养殖：显示乡村养殖鱼塘的点位，并实时监测溶氧量和水温，实现鱼塘的异动管理。

7.4　乡村环境

7.4.1　通过对感知设备、村民活动等共享数据的动态收集、精准分析、异动管理，实现对生态环境变化的实时监测，村内紧急情况、基础设施故障等问题的及时处置。

7.4.2　乡村环境功能模块可包括以下功能：

a）污水监测点：显示在乡村安装的各种污水处理设备的点位位置及对应的实时数据；

b）污水井盖：显示在乡村安装的各种智能井盖设备的点位位置及对应的实时数据；

c）垃圾分类收集站：显示在乡村安装的各种垃圾分类设备的点位位置及对应的实时数据；

d）水利设施：显示在山塘、水库安装的传感器设备的点位位置及对应的实时数据；

e）智能灯杆：显示在乡村安装的各种智能灯杆的位置及对应的实时数据；

f）烟感：实现对烟感信息的实时监控和预警；

g）智慧手环：帮助定位佩戴手环者的位置，并给出最近 1 小时的行踪轨迹。

7.5　乡村服务

7.5.1　依托"最多跑一次"向乡村基层延伸，聚焦村民出生、入学、就业、医疗、教育等一生事，以浙里办为载体，进行主动式、跟踪式服务，解决乡村服务"最后一公里"问题。

7.5.2　乡村服务功能模块可包括以下功能：

a）村民一生事：展示村民办理事项的详细说明，包括该事件的名称、主体人、办理时间以及办理方式等信息；

b）公共场所：展示村民日常生活所需要的重要地点，包括文化礼堂、公共厕所、创客中心、村卫生院等；

c）交通出行：展示乡村的公交车线路及沿途的公交车站；

d）避灾场所：显示乡村避灾场所点位及相关情况；

e）智慧养老：通过物联感知设备实时监测年迈村民的身体健康状况，对身体指标出现异常的事件实现预警并第一时间通知村管理人员进行处置；

f）医疗健康：展示村民医疗健康相关情况，包括家庭医生签约、医疗服务、免费用药、慢性病管理等。

7.6　乡村治理

7.6.1　通过党员引领，乡贤、文明户示范，引导村民积极参与村务管理，各类村情民意提交基层治理四平台分类处置、实时呈现。同时，利用大数据碰撞分析和电子围栏技术，对村域人群来源、驻留时长、人流趋势等进行分析，实现人流过密预警、人群疏散预警等。

7.6.2　乡村治理功能模块可包括以下功能：

a）党员户：显示乡村党员户的基本情况，包括姓名、住所和所做出的承诺、帮扶对象等；

b）文明户：显示乡村文明户的基本情况，包括姓名、住所等；

c）乡贤户：显示乡村乡贤户的基本情况，包括姓名、住所等；

d）外来人员：显示村内的外来人员住所；

e）宗教场所管理：显示乡村各类宗教场所的位置，如佛堂、教堂等场所的详细信息；

f）村情民意：显示村内网格员或其他村民在村内走动走访时发现并拍照上传的各种事务，如乱堆垃圾、私拉电线、违章占道、偷排污水、打架斗殴等村内事件。平台可根据事件处理状态自动统计，包括待处理、已经处理完成的数量等信息；

g）视频监测：显示村内视频监控点位，可通过视频监控点位图标掌握对应的视频监控实时画面；

h）幸福指数：通过不同的方式显示乡村幸福指数；

i）廉情信息员：显示乡村廉情信息员的基本情况，包括姓名、住所、性别、电话等。

8　数据接口

8.1　数据交换与接口

通过建立数据交换与共享平台，提供一整套规范的、高效的、安全的数据交换机制，实现内部信息系统之间、与各部门信息系统之间以及与外部信息系统之间的数据交换与信息共享。

8.2　数据接口标准化

为"数字乡村一张图"数字化平台提供数据的各类信息化系统，其数据接口应符合 API 接入规范。

9　信息平台管理

9.1　平台安全管理

"数字乡村一张图"数字化平台的安全管理应符合 GB/T 20269、GB/T 20270、GB/T 20271、GB/T 20272、GB/T 20273信息安全技术系列标准的相应规定与要求。

9.2　平台数据管理

9.2.1　建立"数字乡村一张图"数字化平台信息数据库,数据库的管理需要满足对乡村信息的采集、加工、使用、查询等管理要求。

9.2.2　通过政务数据接入、现场数据采集和物联感知设备推送等渠道,建设乡村数据资源目录,通过深入分析挖掘、有序共享开放,建立乡村大数据资源体系。

9.2.3　"数字乡村一张图"数字化平台信息定期更新,确保平台系统信息的准确性。

9.2.4　需自行上传的内容清单见附录A。

9.3　平台权限管理

基于"浙政钉"组织框架体系,县级、镇街道级、村级的基层管理者和使用者,对应开放在平台上对应权限限定的内容,实现权限管理。

9.4　平台可视化管理

9.4.1　基于地理信息系统平台,以基础地理信息数据为主要数据源,并运用倾斜摄影测量技术,设计和制作数字乡村全景图。

9.4.2　统一数字乡村全景图中各地理要素空间位置的表示方法、地名/地址数据编码与数据库属性结构,实现地名/地址信息共享与应用,实现实体属性与其地理空间位置一体化。地理要素应符合 GB/T 13923、GB 21139 的规定,地名/地址应符合 GB/T 18521、CH/Z 9010、DB33/T 2156 的规定。

9.4.3　对"数字乡村一张图"数字化平台中涉及的指标进行统计分析,以饼图、柱状图、折线图等多维图形直观展示乡村大数据。

10　平台系统运行环境要求

10.1　部署环境要求

"数字乡村一张图"数字化平台部署在云服务器上,云服务器的操作系统应采用 Linux 操作系统,推荐使用 CentOS 7.0 以上的版本。

10.2　运行配置要求

推荐使用8核16G以上内存、硬盘500G以上的Windows 10系统,使用独立显卡。

11　持续改进

11.1　应建立"数字乡村一张图"数字化平台反馈评价机制,将使用者的反馈意见作为进一步改进"数字乡村一张图"平台的参考依据。

11.2　可定期组织专家或第三方机构对平台运行情况进行评价,根据其提供的服务效果实行有针对性的改进。

DB330521/T 65—2020

附　录　A
（资料性附录）
数据管理系统上报内容清单

《数据管理系统上报内容清单》见表A.1。

表A.1　数据管理系统上报内容清单

一级	二级	三级
村庄信息	文字简介、村民规约	
	村民小组数（个）、农户数（户）、总人口（人）	
	总耕地数（亩）	
	土地流转率（%）、单宣传视频或多宣传图片	
	村域面积（km²）	
乡村经营-上一年度乡村经营状况	经营主体数量总数(个)	
	经营主体总收入(万元)	
	村集体经营性收入(元)	
	村集体经济补助收入(元)	
	村集体经济其他收入(元)	
	农村居民人均可支配收入(元)	
	农村居民人均可支配收入同比增长率	
	农村居民人均消费支出(元)	
	农村居民人均消费支出同比增长率	
乡村经营-上一年度经营主体明细	类型	
	企业名称、负责人、企业地址	
	行业类别	
清廉村庄	组别	
	姓名	
	电话	
村民信息	姓名、联系方式、证件号	
	备注	
	类别	党员
		村民代表（小组长、村民代表）
		帮扶人员（残疾户、低保户、低保边缘户、支出型贫困、救助人员）
		退役军人
		文明户（村、镇、县、市、省）
		乡贤（名誉理事长、理事长、副理事长、秘书长、理事、会员）

DB330521/T 65-2020

参 考 文 献

[1] 中发〔2018〕18号　中共中央国务院关于印发《乡村振兴战略规划（2018—2022年）》的通知

[2] 中网办通字〔2020〕15号　关于开展国家数字乡村试点工作的通知

[3] 浙政办发〔2018〕70号　浙江省人民政府办公厅关于印发浙江省数字化转型标准化建设方案(2018-2020年)的通知

[4] 德政办发〔2019〕76号　德清县人民政府办公室关于印发德清县构建乡村治理数字化平台助推数字乡村建设实施方案的通知